跨文化交际视角下
英语语言学研究与实践探索

熊 丽 著

中国商务出版社
·北京·

图书在版编目（CIP）数据

跨文化交际视角下英语语言学研究与实践探索 ／ 熊丽著． — 北京 ： 中国商务出版社， 2023.8

ISBN 978-7-5103-4744-3

Ⅰ．①跨… Ⅱ．①熊… Ⅲ．①英语－语言学－研究 Ⅳ．①H31

中国国家版本馆CIP数据核字(2023)第103604号

跨文化交际视角下英语语言学研究与实践探索
KUAWENHUA JIAOJI SHIJIAO XIA YINGYU YUYANXUE YANJIU YU SHIJIAN TANSUO

熊丽　著

出　　版：	中国商务出版社
地　　址：	北京市东城区安外东后巷28号　邮　编：100710
责任部门：	发展事业部（010-64218072）
责任编辑：	李鹏龙
直销客服：	010-64515210
总 发 行：	中国商务出版社发行部（010-64208388　64515150）
网购零售：	中国商务出版社淘宝店（010-64286917）
网　　址：	http://www.cctpress.com
网　　店：	https://shop595663922.taobao.com
邮　　箱：	295402859@qq.com
排　　版：	北京宏进时代出版策划有限公司
印　　刷：	廊坊市广阳区九洲印刷厂
开　　本：	700毫米×1000毫米　1/16
印　　张：	13.5　　　　　　　　　　　　　字　数：300千字
版　　次：	2023年8月第1版　　　　　　　　印　次：2023年8月第1次印刷
书　　号：	ISBN 978-7-5103-4744-3
定　　价：	79.00元

凡所购本版图书如有印装质量问题，请与本社印制部联系（电话：010-64248236）

版权所有　　盗版必究（盗版侵权举报请与本社总编室联系：010-64212247）

前　言

英语语言学的健康发展，能够有效推动并促进文化体系的建设。现阶段，我国在不同语言学科建设的视域下，能够拓宽英语语言的社会应用范围，使英语语言学能够在跨文化交际的过程中发挥出应有的功能和作用，提高英语语言学在我国经济发展、社会建设中的应用内涵。

本书结合英语语言学与跨文化交际的内涵，探究英语语言学在跨文化交际中的作用价值，提出相应的优化策略和思路。本书从跨文化交际与英语语言学入手，介绍了语言和文化的相互关系，并详细地分析了跨文化交际中的语言变化、英语语境中的语际差异，接着重点探讨了英语中的跨文化沟通策略以及英语教育中的跨文化视角等内容。

本书在撰写的过程中，参阅了大量相关的资料和文献，为了保证论述的全面性与合理性，本书还引用了许多专家学者的观点。在此表示感谢。由于作者写作水平有限，书中不免存在疏漏之处，还望各位不吝指正。

目 录

第一章　跨文化交际与英语语言学 ... 1
- 第一节　跨文化交际的概念与背景 ... 1
- 第二节　英语语言学研究与跨文化交际的关系 ... 13
- 第三节　跨文化交际的重要性 ... 22

第二章　语言和文化的相互关系 ... 33
- 第一节　语言与文化的定义 ... 33
- 第二节　文化对语言的影响 ... 42
- 第三节　语言对文化的反馈 ... 52
- 第四节　文化差异的体现 ... 62
- 第五节　跨文化沟通的挑战 ... 70

第三章　跨文化交际中的语言变化 ... 81
- 第一节　语言变化的概念 ... 81
- 第二节　跨文化交际中的语言变异 ... 87
- 第三节　语言变化的社会因素 ... 94
- 第四节　语言标准与多样性 ... 104
- 第五节　语言变化的未来趋势 ... 114

第四章　英语语境中的语际差异 ... 122
- 第一节　语际差异的定义 ... 122
- 第二节　英语的地区性变种 ... 130
- 第三节　语际差异的语音特点 ... 137

第五章　英语中的跨文化沟通策略 141
第一节　跨文化沟通策略的重要性 141
第二节　语言的调整与适应 149
第三节　文化敏感性与尊重 161

第六章　英语教育中的跨文化视角 172
第一节　跨文化视角在英语教育中的应用 172
第二节　教材与课程设计 179
第三节　教师培训与教学方法 184
第四节　学习者的跨文化能力发展 198

参考文献 210

第一章　跨文化交际与英语语言学

第一节　跨文化交际的概念与背景

一、跨文化交际的定义

跨文化交际是一种复杂而广泛的人际互动过程，它涉及不同文化背景的个体之间的沟通、理解和互动。这种交际形式可以发生在各种场合，包括国际商务、旅游、教育和跨国家合作等领域。跨文化交际的定义包括了涉及不同文化之间的交流和互动的各种层面和因素，涵盖了语言、文化价值观、社会习惯、非语言沟通等多个方面。以下将深入探讨跨文化交际的定义、重要性、挑战以及如何有效地进行跨文化交际。

（一）跨文化交际的定义

跨文化交际是指在不同文化背景下进行沟通和交流的过程。这包括了以下几个关键要素：

1. 文化背景的差异

跨文化交际涉及不同文化之间的互动，这些文化可以是国家、地区、宗教、民族等不同层面的文化背景。每种文化都有其独特的价值观、信仰、传统和社会规范。

2. 语言差异

语言是文化的核心组成部分，不同文化通常使用不同的语言，甚至在相同语言下，也会有不同的方言和口音。语言差异会影响跨文化交际的理解和有效性。

3. 文化价值观和信仰

不同文化具有不同的价值观和信仰体系。这些价值观和信仰会影响个体的行为、决策和态度，因此在跨文化交际中理解和尊重这些差异至关重要。

4. 社会习惯和礼仪

每种文化都有其独特的社会习惯、礼仪和规范。在跨文化交际中，了解并遵守这些规范有助于建立良好的关系。

5. 非语言沟通

除了语言之外，非语言沟通也是跨文化交际的重要组成部分。这包括肢体语言、面部表情、姿态和目光接触等。不同文化对非语言沟通的解释和重要性也可能有差异。

6. 文化冲突和误解

由于文化差异，跨文化交际可能导致误解和冲突。了解这些潜在的问题，并采取措施来减少误解和冲突是跨文化交际的关键挑战之一。

7. 文化适应和融合

在跨文化交际中，个体可能需要适应不同文化的要求，或者尝试将不同文化元素融合在一起。这需要开放的思维和适应能力。

（二）跨文化交际的重要性

跨文化交际在今天的全球化世界中变得越来越重要。以下是跨文化交际的一些重要性：

1. 促进全球合作

在国际政治、经济和文化领域，跨文化交际促进了不同国家和地区之间的合作和理解。这有助于解决全球性挑战，如气候变化、贫困和传染病。

2. 拓展商业机会

在国际商务领域，了解不同文化的商业惯例和价值观可以打开新的市场和商业机会。成功的国际企业通常需要具备跨文化交际的能力。

3. 促进教育和学术合作

跨文化交际有助于国际教育合作和学术交流。学生和研究人员可以通过国际交流丰富他们的知识和经验。

4. 促进多元化和包容性

跨文化交际有助于社会的多元化和包容性。了解不同文化背景的人们可以更好地协同工作和共同生活，减少歧视和偏见。

5. 提高文化敏感性

跨文化交际有助于个体提高对不同文化的敏感度和理解。这有助于人们更好地处理跨文化环境中的挑战。

（三）跨文化交际的挑战

尽管跨文化交际有许多重要性，但也面临一些挑战，包括：

1. 语言障碍

语言是跨文化交际的核心，但语言差异可能导致误解和沟通困难。即使使用相同的语言，也可能存在文化间的语言障碍。

2. 文化差异

不同文化之间的差异可能包括社会习惯、礼仪、价值观和信仰。这些差异可能导致冲突和误解。

3. 刻板印象和偏见

跨文化交际中，人们可能受到刻板印象和偏见的影响，这可能阻碍理解和建立积极关系。对他人的偏见和误解可能基于种族、民族、性别、宗教等因素。

4. 文化冲突

由于文化差异，跨文化交际可能导致文化冲突。这些冲突可能涉及价值观、礼仪、社会规范等方面，需要敏感的处理方式。

5. 身份认同

在跨文化环境中，个体可能面临身份认同的问题。他们可能需要平衡自己的文化背景和新的文化环境之间的关系，这可能会导致认同危机。

6. 沟通风格

不同文化通常有不同的沟通风格。一些文化可能更加直接，而另一些可能更加委婉。了解和适应不同的沟通风格是跨文化交际的挑战之一。

（四）有效进行跨文化交际的策略

尽管跨文化交际存在挑战，但可以采取一些策略来有效地进行跨文化交际：

1. 学习对方的文化

在进行跨文化交际之前，努力了解对方的文化是关键。这包括学习和了解他们的语言、文化价值观、社会习惯和历史背景。这种学习和了解有助于减少误解和冲突。

2. 保持开放的心态

在跨文化交际中，保持开放的心态非常重要。不要过于陷入自己的文化观念和偏见中，而是愿意接受新的思维方式和观点。

3. 尊重差异

尊重对方的文化差异是建立良好关系的关键。避免评价或批评对方的文化，而是尊重他们的信仰和价值观。

4. 倾听和观察

在跨文化交际中，倾听对方并观察他们的非语言沟通非常重要。这有助于更好地理解他们的意图和情感。

5. 主动提出问题

如果不确定对方的期望或文化差异，不要猜测，而是主动提出问题。这可以帮助澄清疑虑并避免误解。

6. 练习跨文化敏感性

跨文化敏感性是一种能力，可以通过练习和体验来提高。参与跨文化活动、旅行和与不同文化背景的人建立联系都可以提高跨文化敏感性。

7. 寻求帮助和建议

如果在跨文化交际中遇到问题，不要犹豫，应积极寻求帮助和建议。可以咨询跨文化交际专家或寻求来自有经验的人的建议。

跨文化交际是今天全球化世界中不可避免的现象。了解不同文化之间的差异、挑战和策略对于成功的跨文化交际至关重要。通过学习、具备开放的心态、尊重差异和提高跨文化敏感性，个体可以更好地应对跨文化交际的挑战，建立积极的关系，促进全球合作和理解。最终，跨文化交际有助于丰富我们的视野，拓展我们的知识，构建和谐与包容的全球社会。

二、跨文化交际的历史演变

跨文化交际的历史演变复杂而丰富，它反映了人类社会的不断发展和演变,以及文化之间的联系和互动。以下将深入探讨跨文化交际的历史演变,从古代文明到现代全球化时代,了解跨文化交际如何影响和塑造了我们的世界。

(一)古代文明时期的跨文化交际

跨文化交际的历史可以追溯到古代文明时期。各个古代文明,如古埃及、古希腊、古罗马、古印度和古中国,都有其独特的文化、语言和社会结构。然而,古代文明之间的交往并不罕见。

1. 丝绸之路

古代的丝绸之路是一个重要的跨文化交流通道,连接了东西方的文明。通过这条古老的贸易路线,中国的丝绸、瓷器和茶叶流向了中亚、中东和欧洲,而西方的珠宝、玛瑙和黄金则流向了东方。这种跨文化交往不仅带来了丰富的物质财富,还促进了文化和思想的传播。

2. 亚历山大大帝的征服

亚历山大大帝的征服活动带来了希腊文化和东方文化的交流。他的帝国扩张使希腊文化传播到埃及、印度和波斯等地,产生了希腊化时代,这在文化上有着深远的影响。

3. 印度和东南亚的佛教传播

佛教的兴起和传播也是一种跨文化交流。佛教起源于印度,随着僧侣的传播,它传入了斯里兰卡、东南亚、中国和中亚等地,影响了这些地区的文化和宗教信仰。

4. 古罗马帝国的多元文化

古罗马帝国是一个多元文化的帝国,包括了来自不同地区的人民和文化。罗马通过征服和统治各个地区,实现了跨文化交流,融合了希腊、埃及、高卢和伊比利亚等地的文化元素。

(二)中世纪和文艺复兴时期的跨文化交际

中世纪和文艺复兴时期是欧洲历史上的关键时期,也是跨文化交际的重要时刻。

1. 阿拉伯文化的传播

中世纪时期,阿拉伯世界在科学、数学、哲学和医学等领域取得了巨大的进展。这些知识通过西班牙的摩尔人以及阿拉伯学者的翻译工作传播到欧洲，对文艺复兴时期的欧洲思想产生了深远的影响。

2. 文艺复兴时期的跨文化交流

文艺复兴时期是文化和艺术的复兴时期，它在意大利兴起，但影响了整个欧洲。文艺复兴时期的学者通过研究古希腊和古罗马文化，恢复了古代文化的知识和价值观。这种跨文化交流促进了科学、文学和艺术的发展。

（三）现代时期的跨文化交际

现代时期的跨文化交际更加复杂和广泛，这主要归因于技术进步、全球化和国际关系的发展。

1. 大航海时代

16世纪的大航海时代带来了欧洲探险家的大规模航海活动。这些探险家发现了新大陆，建立了殖民地，并将欧洲的文化、宗教和技术传播到其他地区。这导致了全球性的跨文化交往，但也伴随着帝国主义和文化冲突。

2. 国际贸易和工业革命

工业革命的兴起加速了国际贸易和跨文化交流。随着工业化国家的崛起，它们开始向其他地区输出工业产品和技术，促进了全球化的发展。

3. 国际政治和冲突

20世纪的两次世界大战和冷战期间，国际政治和冲突对跨文化交际产生了深远影响。这些时期的外交努力和战争塑造了国际关系格局，影响了不同文化之间的互动。

（四）现代全球化时代的跨文化交际

现代全球化时代是跨文化交际的全新篇章，它充满了机遇和挑战。

1. 信息和通信技术的革命

随着互联网的普及和信息通信技术的快速发展，全球范围内的跨文化交际变得更加容易。社交媒体、视频通话和电子邮件等工具使人们能够实时地与世界各地的人交流，无论是个人、商务还是政治。

2. 全球商业和国际化企业

跨国公司和全球商务的兴起推动了不同文化之间的商业交往。企业需要适应不同国家和地区的文化和市场，这促使了跨文化管理和跨文化营销的发展。

3. 国际合作和文化交流

全球性组织和国际合作项目促进了不同文化之间的合作和文化交流。例如，联合国、世界贸易组织、国际奥林匹克委员会等组织促进了国际和平、贸易和体育交流。

4. 移民和多元文化社会

现代社会变得越来越多元化，不同文化背景的人们在各种社会和职业中相互交往。这种多元化对于建立包容性社会和处理文化差异至关重要。

5. 文化冲突和跨文化教育

全球化时代也伴随着文化冲突和挑战。跨文化教育和培训变得越来越重要，以帮助人们理解和处理文化差异，减少误解和冲突。

（五）未来的趋势和挑战

未来，跨文化交际将继续发展并面临新的趋势和挑战：

1. 数字化时代的继续发展

随着科技的不断进步，跨文化交际将更加数字化和虚拟化。虚拟现实、增强现实和人工智能等技术将在跨文化交际中发挥重要作用。

2. 全球问题的共同应对

全球性挑战，如气候变化、公共卫生危机和粮食安全，需要国际合作和跨文化交流。跨文化团队和合作将在解决这些问题上发挥关键作用。

3. 文化敏感性的重要性

未来的教育和职业培训将强调文化敏感性的培养，以帮助人们更好地适应和成功地进行跨文化交际。

4. 文化智商的发展

文化智商将成为一种重要的能力，它包括了对不同文化的理解、尊重和适应能力。培养文化智商将有助于更有效地进行跨文化交际。

在全球化时代，跨文化交际不仅仅是一种技能，更是一种必需的生存和成功策略。通过了解历史上的跨文化交际演变，我们可以更好地理解当前的挑战和机会，并为未来的跨文化交际做好准备。跨文化交际有助于促进文化多元性、国际合作和全球和平，是构建更加和谐世界的关键因素之一。

三、跨文化交际的相关理论

跨文化交际是一个复杂而多层次的领域，许多理论被开发出来以解释和理解不同文化之间的互动和沟通。这些理论提供了深刻的洞察力，帮助人们更好地应对跨文化挑战。以下将探讨一些重要的跨文化交际理论，以深入地了解这一领域的关键概念和原则。

（一）文化维度理论

文化维度理论是跨文化交际领域中最重要的理论之一，它强调了不同文化之间的差异和相似之处。最著名的文化维度理论之一是霍夫斯泰德的文化维度理论，它包括了以下维度：

1. 权力距离

这个维度衡量了一种文化中的权威和权力分布的程度。一些文化倾向于高权力距离，即权力高度集中在少数人手中，而其他文化则倾向于低权力距离，即权力相对均衡分布。了解权力距离的差异有助于避免不必要的冲突和误解。

2. 不确定性规避

这个维度描述了一种文化对不确定性和风险的容忍程度。高不确定性规避的文化倾向于避免风险和不确定性，喜欢明确的规则和计划。低不确定性规避的文化更愿意面对风险和不确定性，更加灵活。了解这一维度有助于调整沟通方式和决策风格。

3. 个人主义与集体主义

这个维度涉及个体与集体之间的关系。个人主义文化强调个体的独立性和自由，而集体主义文化强调群体的利益和团结。了解这一维度有助于理解文化中的价值观和社会动态。

4. 男性与女性

这个维度探讨了文化中对男性和女性角色的期望。男性化文化强调竞争、自信和成功，而女性化文化强调合作、关怀和贡献。这个维度有助于了解性别在不同文化中的角色和权力分配。

5. 长期导向与短期导向

这个维度描述了文化中对未来的态度。长期导向的文化强调长期规划、坚韧和耐力，而短期导向的文化更注重当下和即时满足。了解这一维度有助于解释文化中的价值观和行为。

（二）互文理论

互文理论强调了被边缘化社群和少数群体在跨文化交际中的角色。该理论认为，文化交际研究过于关注主流文化，忽视了边缘化群体的经验。互文理论的关键概念包括：

1. 主流文化

互文理论将主流文化定义为社会中拥有权力和特权的文化。主流文化通常被视为规范和标准，但它也可以排除和边缘化其他文化。

2. 边缘化社群

边缘化社群是指那些在主流文化中处于较弱地位的群体，如少数民族、性别少数群体、残疾人群体等。这些社群经常面临挑战和歧视，因此在跨文化交际中有独特的经验和策略。

3. 互文

互文是指边缘化社群在跨文化交际中与主流文化互动和交流的过程。互文包括了适应、抵抗、融合等多种策略，用于应对主流文化中的压力和期望。

互文理论强调了不同文化背景的个体如何应对主流文化的压力和期望，以及他们在跨文化交际中的角色。这一理论有助于我们更全面地理解文化交际的多样性，并认识到不同群体的经验和挑战。

（三）不确定性—管理理论

不确定性—管理理论是由查尔斯·R·伯根（Charles R. Berger）和理查德·J·卡尔默（Richard J. Calabrese）提出的，旨在解释人际关系中的不确定性降低过程。虽然最初是为解释同文化交际而开发的，但该理论也可以应用于跨文化情境。

该理论的核心概念包括：

1. 不确定性

在跨文化交际中，不同文化之间的不确定性通常更加显著。不确定性可以涉及语言、文化差异、社会规范等各个方面。不确定性降低的过程是为了减少这些不确定性，以增进双方的互信和理解。

2. 策略

不确定性—管理理论提出了一系列降低不确定性的策略。这些策略包括主动提问、寻求信息、亲近行为等。在跨文化交际中，这些策略可以帮助个体更好地理解对方的文化和期望。

3. 相似性

该理论认为，人们倾向于与那些与自己相似的人建立更强的关系。在跨文化交际中，寻找文化上的共通点和相似之处可以降低不确定性，并有助于建立联系。

不确定性—管理理论强调了在跨文化交际中如何减少不确定性以促进有效沟通和关系建立。了解对方的文化背景和期望，以及采用适当的策略，对于成功的跨文化交际至关重要。

（四）文化冲突理论

文化冲突理论旨在解释和理解不同文化之间的冲突，以及如何有效地处理这些冲突。这一理论认为，文化差异和误解是跨文化冲突的主要原因，但也提供了解决冲突的方法。

文化冲突理论的关键概念包括：

1. 文化差异

文化冲突通常源于不同文化之间的价值观、信仰、社会规范和习惯的差异。理解这些差异是解决冲突的第一步。

2. 文化冲突类型

该理论提出了不同类型的文化冲突，包括认知冲突（关于事实和信息的冲突）、感情冲突（涉及情感和态度的冲突）、价值观冲突（关于道德和伦理价值观的冲突）以及行为冲突（行为和习惯的冲突）。

3. 文化冲突解决策略

文化冲突理论提出了一系列解决冲突的策略，包括协商、妥协、避免、竞争和包容。选择适当的解决策略取决于冲突的性质和文化的特点。

文化冲突理论强调了文化差异和误解如何导致冲突，并提供了一套解决冲突的框架。它强调了跨文化冲突的复杂性，并强调了文化敏感性和解决策略的重要性。

(五)跨文化适应理论

跨文化适应理论探讨了个体在进入新的文化环境时如何适应和调整自己的行为和态度。该理论强调了文化冲突、文化冲击和文化适应的过程。

跨文化适应理论的关键概念包括:

1. 文化冲击

文化冲击是个体在进入新的文化环境时所经历的情感和心理反应。它包括初期的兴奋和好奇,但也可能伴随着不安、焦虑和困惑。文化冲击是适应新文化的第一步。

2. 文化适应

文化适应是个体逐渐适应新文化的过程。这包括了习惯、价值观、语言和社会规范等方面的调整。适应新文化可能需要时间,并且个体可能会经历不同的阶段,包括初始兴奋、挫折和逐渐适应的阶段。

3. 逆文化冲击

逆文化冲击发生在个体返回自己的原始文化环境时。在适应了新文化之后,个体可能会发现自己在原始文化中感到不适应或不理解,这被称为逆文化冲击。

4. 社会支持

跨文化适应理论认为,社会支持是帮助个体适应新文化的重要因素。社会支持可以来自朋友、家人、同事和社区,他们可以提供情感上的支持、信息和建议。

5. 文化学习

文化适应通常伴随着对新文化的学习过程。个体需要积极地了解新文化的语言、价值观、习惯和社会规范,以更好地适应和理解。

跨文化适应理论强调了文化适应是一个渐进的过程,需要个体的积极参与和时间。了解文化冲击和适应的过程有助于个体更好地准备和管理跨文化经历。

(六)跨文化交际的伦理和权力动态

跨文化交际不仅涉及文化差异的理解和解释,还涉及伦理和权力动态的复杂性。在跨文化交际中,个体和群体之间的权力关系、文化冲突和道德考量都起着重要作用。一些相关理论和概念包括：

1. 文化相对主义

文化相对主义理论认为，文化是主观的，不同文化之间的价值观和规范都应被尊重。它强调文化之间的平等性，并警告不要将自己的文化观念强加于他人。

2. 权力和权力动态

权力在跨文化交际中起着关键作用。文化、性别、社会地位等因素可以影响权力动态，个体和群体之间的权力不平衡可能导致冲突和不公平的交往。

3. 文化冲突的伦理

文化冲突涉及伦理和道德考量。个体需要权衡自己的文化价值观和道德原则，以确定如何应对文化冲突。同时，跨文化交际也需要尊重对方的伦理和价值观。

4. 文化中的权威和服从

不同文化中的权威和服从观念可能不同。了解和尊重对方文化中的权威结构和权威人物是重要的。

（七）跨文化交际的技术和媒体

在现代全球化时代，技术和媒体在跨文化交际中起着关键作用。虚拟沟通、社交媒体和数字工具改变了人们与不同文化之间的互动方式。相关理论和概念包括：

1. 虚拟跨文化交际

随着互联网和数字技术的发展，虚拟交流变得更加普遍。个体可以通过视频会议、社交媒体和电子邮件等工具与全球范围内的人交流。虚拟跨文化交际带来了新的挑战和机会，需要适应不同的沟通方式和文化差异。

2. 数字文化和媒体的传播

数字媒体和社交平台使文化产品、信息和思想能够以更广泛的方式传播。跨文化交际不再局限于面对面的互动，而是通过数字渠道实现。

3. 虚拟文化学习和培训

虚拟平台也用于文化学习和培训，帮助个体更好地了解其他文化。这些平台提供了模拟跨文化情境的机会，可帮助个体培养跨文化敏感性和技能。

跨文化交际领域涵盖了广泛的理论和概念，用于解释和理解不同文化之间的互动和沟通。这些理论提供了深刻的洞察力，帮助人们更好地应对跨文化挑战，促进文化多样性和全球理解。了解这些理论有助于个体更好地准备和适应跨文化环境，同时也有助于组织和社会更好地推动跨文化交际的积极发展。

第二节 英语语言学研究与跨文化交际的关系

一、英语语言学的基本概念

英语语言学是一门研究英语语言的学科，它涵盖了广泛的主题，从语音学和语法学到语义学和社会语言学等。以下将介绍英语语言学的基本概念，以帮助读者更好地理解这一学科的重要性和复杂性。

1. 语言与交流

语言是人类最重要的交流工具之一。它是一种符号系统，通过其中的符号（通常是词汇和语法结构）传递信息、思想和情感。英语是全球范围内最重要的语言之一，因此英语语言学具有广泛的影响力。

2. 语音学

语音学研究语音的产生、传播和感知。它涵盖了声音的产生器官（如声带和口腔）的研究，以及不同语音的区别和分类。英语语音学研究英语中的语音特征和音系。

3. 语法学

语法学研究语言中的句法结构，包括词汇的组合和句子的构建。英语语法学涵盖了英语的句法规则，如主谓宾结构和时态变化。

4. 语义学

语义学研究语言中的意义。它探讨了词汇和句子的含义以及如何在特定上下文中理解和解释它们。英语语义学研究英语词汇和表达的含义。

5. 语用学

语用学关注语言在特定情境中的使用。它研究了言语行为理论，即人们通过语言来实现不同的交际目标，如陈述、询问、请求和命令。英语语用学考察英语中不同语境下的语用现象。

6. 词汇学

词汇学研究词汇的构成、分类和含义。英语词汇学涵盖了英语中的词汇，包括词根、前缀、后缀以及词汇的语法和语义特征。

7. 语变学

语变学研究语言的变化，包括随时间的变化和地理上的变化。英语语变学探讨了英语的历史演变和不同地区方言之间的差异。

8. 语言习得

语言习得研究人类如何学习和掌握语言。它包括婴儿对母语的习得过程以及成年人对第二语言的习得。英语语言习得研究英语母语者和非母语者的语言发展。

9. 语言教育

语言教育涵盖了如何教授和学习语言的方法。它包括教育理论、教材开发和教学策略，以帮助学生获得语言技能。英语语言教育是全球范围内广泛的领域。

10. 社会语言学

社会语言学研究语言与社会文化之间的关系。它探讨了不同社会群体之间的语言差异、语言在社会中的地位以及语言对身份和社会认同的影响。英语社会语言学研究了英语在不同社会和文化背景下的使用。

11. 语言政策

语言政策研究政府和社会对语言使用的规定和决策。它涉及语言的官方地位、教育政策和多语言社会中的语言政策。英语语言政策涉及英语在全球范围内的地位和使用。

12. 语言技术

语言技术研究如何利用计算机和人工智能来处理和分析语言数据。它包括自然语言处理（NLP）、机器翻译和语音识别等领域。英语语言技术在在线搜索、机器翻译和虚拟助手中得到了广泛应用。

13. 语言演化

语言演化研究语言的起源和发展。它探讨了语言是如何随时间演变的，以及人类祖先是如何发展出语言能力的。英语语言演化研究英语的历史演变和与其他语言的联系。

14. 比较语言学

比较语言学研究不同语言之间的相似性和差异。它探讨了语言家族、语言分类和语言的历史联系。英语与其他日耳曼语言（如德语和荷兰语）以及与其他语言家族（如印欧语系）的联系是比较语言学的重要研究领域之一。

15. 语言认知

语言认知研究人类大脑如何处理和理解语言。它探讨了语言处理的神经基础、语言习得的认知机制以及语言障碍的认知影响。英语语言认知研究涵盖了英语在认知科学中的角色，如语言与思维之间的关系以及语言处理过程。

16. 语言障碍学

语言障碍学研究语言障碍的原因、诊断和治疗。它包括语言发育障碍、语言失常和语音障碍的研究。英语语言障碍学涵盖了英语母语者和非母语者的语言障碍问题。

17. 语言与技术

语言与技术研究数字化时代中语言和通信技术的交互作用。它包括社交媒体、网络聊天、虚拟现实和语音识别等领域的研究。英语语言与技术领域涉及英语在互联网时代的使用和影响。

18. 语言多样性

语言多样性研究世界上不同语言的多样性和保护。它关注濒危语言的保护、多语言社会的挑战以及全球化对语言多样性的影响。英语语言多样性研究英语作为全球性语言与其他语言的互动。

19. 语言哲学

语言哲学研究语言和现实之间的关系，包括语言的真理性、语言的含义和语言的解释。英语语言哲学探讨英语中的哲学问题和语言哲学理论。

20. 语言与创造力

语言与创造力研究语言在文学、艺术和创新中的作用。它关注语言如何被用于创造新的表达方式和思维模式。英语语言与创造力研究英语文学和创意写作中的语言应用。

21. 语言与社会变革

语言与社会变革研究语言如何反映和塑造社会变革和政治运动。它关注语言的政治化、社会运动中的口号和社会变革对语言的影响。英语语言与社会变革研究英语在社会变革中的作用。

22. 语言创新

语言创新研究语言中的新词汇、新用法和新语法。它关注语言如何随时间变化，以适应社会和文化的发展。英语语言创新研究英语中的新兴词汇和语言趋势。

英语语言学是一门广泛而复杂的学科，涵盖了许多不同领域和主题。它不仅帮助我们理解英语语言的结构和使用，还可以启发我们思考语言与社会、文化、认知和技术之间的互动关系。通过深入研究英语语言学的基本概念，我们可以更好地理解语言的本质，促进跨学科的研究和语言教育的发展。

二、跨文化交际与英语语言学的交叉点

跨文化交际和英语语言学是两个紧密相关的领域，它们共同关注了语言在不同文化和社会背景下的使用、理解和交流。在全球化时代，英语已经成为一种全球性语言，因此跨文化交际在英语语言学中具有重要的地位。以下将探讨跨文化交际与英语语言学之间的交叉点，包括文化对语言的影响、语言在跨文化交际中的角色以及英语的国际化和多样性。

（一）文化对语言的影响

1. 文化的定义和作用

文化是一个广泛的概念，涵盖了社会、价值观、信仰、习惯、艺术、习俗和行为模式等方面。文化不仅是一个社会群体的身份标志，还在很大程度上塑造了人们的思维方式和交往方式。在跨文化交际中，文化是一个关键因素，影响着人们如何使用语言进行沟通和互动。

2. 文化差异与误解

文化差异可能导致跨文化交际中的误解和挫折。不同文化背景下的人们可能对语言表达的含义产生不同的理解。例如，一个词语或表达在一种文化中可能具有正面的含义，但在另一种文化中可能具有负面的含义。因此，理

解文化差异对于成功的跨文化交际至关重要。

3.语言与文化的互动

语言是文化的反映和载体。不同文化背景下的人们使用不同的语言习惯、礼仪和社交规则。语言中的词汇、语法和语音特征通常受到文化的影响。例如，一些文化更注重礼貌和尊重，因此他们的语言中可能包括更多的敬语和客套话。

4.跨文化交际中的文化敏感性

文化敏感性是跨文化交际中的关键要素。它指的是个体的意识和能力，能够识别、理解和尊重不同文化背景的人们的价值观和行为规范。在英语语言学中，教育和培训通常强调文化敏感性，以帮助学习者更好地理解和使用英语，特别是在跨文化环境中。

（二）语言在跨文化交际中的角色

1.语言作为沟通工具

语言是跨文化交际的核心工具，它使人们能够表达思想、情感和需求。英语作为一种全球性语言，在国际交流中扮演着重要的角色。许多国家和地区的人们使用英语来进行国际商务、学术研究和旅行交流。

2.语言和身份认同

语言也与个体和群体的身份认同密切相关。人们的语言使用往往反映了他们的文化、民族和社会背景。在跨文化交际中，个体的语言选择和语言风格可以影响其他人对他们的认知和评价。

3.语言的政治性

语言在跨文化交际中也具有政治性。在一些国际关系中，语言可以成为权力和影响力的象征。一些国家或群体可能试图推广自己的语言，以加强国际地位。这也导致了英语作为一种全球性语言的崛起，被广泛用于国际组织、商务和媒体。

4.跨文化交际中的多语言现象

在跨文化交际中，多语言现象很常见。许多人会使用多种语言来满足不同的交际需求。这种多语言使用在英语语言学中也是一个重要的研究领域，涉及双语和多语人士的语言能力和语言习得。

（三）英语的国际化与多样性

1. 英语作为国际通用语言

英语已经成为全球范围内的国际通用语言。它在国际贸易、科学研究、国际外交和旅游等领域中被广泛使用。因此，对于许多人来说，学习英语是获取国际交往和职业机会的重要途径。

2. 英语的多样性

尽管英语是一种全球性语言，但它在不同地区和国家中有着巨大的语言多样性。英语的口音、方言和词汇会因地理位置和文化差异而不同。这种多样性使英语语言学研究变得丰富多彩，探讨了英语在不同社会和文化环境中的变化和适应。

3. 英语作为跨文化交际的工具

英语在跨文化交际中扮演着重要的角色，不仅因为它是国际通用语言，还因为它的多样性和灵活性。英语的多种变体（如美式英语、英式英语、澳大利亚英语等）适应了不同地区和文化的需求，使人们能够更好地与不同文化背景的人进行交流。

4. 英语与文化的融合

在全球范围内，英语已经与各种文化融合，产生了多元化的文化表达方式。这包括英语中的文学作品、电影、音乐和艺术。跨文化交际也促进了文化元素的传播和分享，从而丰富了英语语言和文化的多样性。

5. 英语教育的挑战

尽管英语在全球范围内被广泛使用，但在跨文化交际中，语言能力的差异仍然存在。一些人可能已掌握英语并作为第二语言，但表达不够流利，导致交流的障碍。因此，英语教育需要适应不同文化和语言背景的学习者，提供多样化的教学方法和资源。

（四）跨文化交际与英语语言学的研究领域

1. 跨文化交际研究

跨文化交际研究通常关注不同文化背景下的语言使用、交际策略和误解。这些研究可以帮助人们更好地理解跨文化交际的挑战和成功因素。英语语言学研究者可以参与跨文化交际研究，以了解英语在不同文化环境中的应用和影响。

2. 跨文化教育和培训

跨文化教育和培训是一个重要的领域，旨在帮助人们在跨文化环境中更好地交流和适应。英语语言学可以为跨文化教育提供理论和实践支持，以帮助学习者掌握英语并理解不同文化的交际习惯。

3. 多语言和多文化研究

多语言和多文化研究涉及不同语言和文化之间的交叉点和互动。英语语言学可以在多语言和多文化研究中提供洞察力，探讨英语与其他语言和文化之间的联系和影响。

4. 语言教育策略

跨文化交际的复杂性也影响了语言教育的策略。教师和教育者需要考虑不同文化背景的学习者，制定教学方法和课程，以培养他们的跨文化交际能力。英语语言学的研究可以为语言教育策略提供指导，使学习者更好地应对跨文化交际挑战。

跨文化交际和英语语言学之间存在着密切的交叉点。文化对语言的影响、语言在跨文化交际中的角色以及英语的国际化和多样性都是这两个领域共同关注的重要议题。在全球化时代，跨文化交际技能和英语语言能力对于成功的国际交流和职业发展至关重要。因此，研究跨文化交际与英语语言学之间的交叉点可以帮助我们更好地理解和应对跨文化交际的挑战，促进跨文化理解和合作。

三、英语语言学在跨文化交际中的应用

跨文化交际是一个在全球化时代愈发重要的领域，它涉及不同文化、语言和背景的人们之间的交流和理解。英语作为一种全球性语言，在跨文化交际中扮演着关键的角色。英语语言学提供了深入了解英语在跨文化交际中的应用和影响的工具和理论框架。以下将讨论英语语言学在跨文化交际中的应用，包括语言的文化适应、多样性管理、教育策略以及英语作为国际通用语言的角色。

（一）语言的文化适应

1. 文化对语言的影响

文化对语言有着深刻的影响，不仅包括词汇、语法和发音，还包括语言的使用方式、社交规范和交际策略。不同文化背景下的人们可能对相同的语言表达有不同的理解，因为文化价值观、信仰和社会习惯都会影响他们的语言使用。

2. 跨文化交际的文化适应

在跨文化交际中，文化适应是非常重要的。它指的是个体能够识别、理解和尊重不同文化背景的人们的价值观和行为规范。英语语言学可以帮助人们学习如何在跨文化环境中适应不同文化的语言和交际方式，以减少误解和冲突。

3. 礼仪和礼貌用语

不同文化之间的礼仪和礼貌用语差异很大。在一些文化中，使用客套话语和表现出尊重是非常重要的，而在其他文化中可能更注重直接和坦诚的交流方式。英语语言学研究礼仪和礼貌用语在英语中的表现，以帮助人们在跨文化交际中使用适当的语言。

4. 跨文化沟通的障碍

文化差异有时会导致跨文化沟通的障碍。例如，一些词汇和表达在一种文化中可能具有正面的含义，而在另一个文化中可能有负面的含义。了解这些潜在的障碍对于成功的跨文化交际至关重要。英语语言学可以研究这些差异，以帮助人们避免误解和沟通障碍。

（二）多样性管理

1. 语言的多样性

英语作为一种全球性语言，有着广泛的地理和文化变体。不同地区和国家的人们可能使用不同的英语变体，包括美式英语、英式英语、澳大利亚英语等。这种多样性反映了英语在不同文化环境中的适应和发展。

2. 跨文化团队管理

在全球化的商务和职场环境中，跨文化团队管理变得越来越普遍。跨文化团队通常由不同国家和文化背景的人员组成，他们使用英语进行沟通。英语语言学可以帮助组织和团队管理者了解英语的多样性，以确保团队成员之间的有效沟通。

3. 多语言环境

一些地区和国家是多语言环境，人们使用多种语言进行交流。英语语言学可以研究多语言环境中的语言互动和语言政策，以帮助管理者更好地管理多语言团队和社区。

4. 跨文化营销和广告

在全球市场中，跨文化营销和广告需要考虑不同文化背景的消费者。语言学家可以为广告和市场营销专业人员提供语言策略，以确保广告和宣传在不同文化中具有吸引力和效果。

（三）教育策略

1. 跨文化教育

跨文化教育是一个关键领域，旨在帮助学生和教育者在跨文化环境中更好地交流和适应。英语语言学可以提供关于跨文化教育的理论和实践支持，包括教学方法、课程设计和教材开发。

2. 第二语言习得

许多人学习英语作为第二语言，以满足跨文化交际的需求。英语语言学研究第二语言习得的理论和实践，帮助学习者更好地掌握英语语言技能，并在跨文化环境中更自信地使用它。

3. 跨文化交际技能培训

跨文化交际技能培训是为职业人士和组织提供的培训，旨在提高他们的跨文化交际能力。英语语言学可以为这种培训提供指导，包括语言技能的培养、文化适应和跨文化交际策略的培训。

4. 在线教育和远程跨文化交际

全球化时代，远程和在线教育变得越来越重要。英语语言学可以支持远程跨文化交际教育，开发在线课程和资源，帮助学生和职业人士在虚拟环境中提高他们的跨文化交际技能。

（四）英语作为国际通用语言的角色

1. 国际组织和外交

英语在国际组织和外交中扮演着重要的角色。许多国际组织和国际会议使用英语作为官方语言，以促进国际合作和交流。英语语言学可以研究国际组织中的语言使用和外交交流，以帮助国际事务专业人士更好地理解和应对国际环境。

2. 国际商务和贸易

英语在国际商务和贸易中也是一种通用语言。企业家和商务专业人士需要掌握英语，以便与全球客户和合作伙伴进行沟通。英语语言学可以研究国际商务中的语言需求和交际策略，以支持国际商务专业人士的职业发展。

3. 跨文化旅游和文化交流

旅游业和文化交流也受益于英语作为国际通用语言。游客和文化交流参与者可以使用英语作为一种跨文化交际的工具。英语语言学可以研究旅游和文化交流中的语言使用和文化适应，以促进旅游业和文化交流的发展。

4. 跨文化媒体和娱乐

英语在跨文化媒体和娱乐领域也具有重要地位。全球性媒体和娱乐产品通常使用英语，以吸引全球受众。英语语言学可以研究媒体和娱乐中的语言表达和文化元素，以了解英语在全球文化产业中的影响。

英语语言学在跨文化交际中具有广泛的应用。它可以帮助人们理解文化对语言的影响，提高文化适应能力，管理语言多样性，制定跨文化教育策略，支持国际事务和商务交流，促进文化交流和娱乐产业的发展。在全球化时代，英语语言学的研究和应用为促进文化多样性和跨文化理解提供了重要的支持，有助于建立更加互联互通的国际社会。通过不断研究和应用英语语言学的原理和方法，我们可以更好地应对跨文化交际的挑战，促进全球合作和发展。

第三节　跨文化交际的重要性

一、文化多样性与全球化

文化多样性与全球化是当今世界面临的重要问题之一。随着信息技术的飞速发展、国际贸易的扩大以及人们跨越国界的频繁交往，全球化已成为不可逆转的趋势。然而，全球化也带来了文化多样性的威胁，因为不同文化之间的接触和融合可能导致文化同质化。以下将探讨文化多样性与全球化之间的关系，以及如何在全球化的背景下保护和促进文化多样性。

（一）文化多样性的概念与重要性

1. 文化多样性的定义

文化多样性指的是世界上不同地区、社群和国家中存在的各种文化表达、信仰、价值观、习俗和传统。这些文化元素是不同社会群体的身份标志，反映了他们的历史、地理、语言和社会背景。文化多样性强调了人类社会的丰富性和多元性。

2. 文化多样性的重要性

文化多样性在全球范围内具有重要的意义。首先，文化多样性丰富了人类社会的文化遗产，使世界更加多彩多样。其次，文化多样性促进了创新和进步，因为不同文化的交流和互动可以激发新思想和观念。最后，文化多样性有助于社会和谐，因为它鼓励尊重和包容，减少了社会紧张和冲突。

3. 文化多样性的威胁

尽管文化多样性具有许多优点，但全球化对文化多样性构成了威胁。全球化加速了信息传播和文化产品的流通，导致了一种文化同质化的趋势，即在全球范围内传播的文化越来越相似。这可能导致一些文化在全球化浪潮中受到挤压和消失的风险。

（二）全球化与文化多样性的关系

1. 全球化的定义

全球化是一个复杂的概念，指的是国际社会在各个领域中的联系和互动。这包括经济全球化（国际贸易、金融流动）、文化全球化（文化产品、媒体传播）、社会全球化（移民、旅游）、政治全球化（国际政治合作）等多个方面。全球化加强了世界各地的人们之间的联系，缩短了距离，促进了跨国交流。

2. 全球化对文化多样性的影响

全球化对文化多样性具有双重影响。一方面，全球化加速了文化产品、媒体、科技和商务的传播，促进了文化元素的交流和共享。这可以丰富文化多样性，使人们更容易了解和体验其他文化。另一方面，全球化也带来了文化同质化的风险，因为全球化进程中的文化产品和价值观可能压制或替代本土文化。

3. 文化霸权和全球化

一些发达国家的文化在全球化中占据主导地位，这可能导致文化霸权现象。文化霸权是指少数国家或文化拥有过大影响力，他们的文化产品和价值观在全球范围内占主导地位。这可能导致其他文化受到边缘化和辱骂，威胁到文化多样性。

4. 全球化与文化多样性的平衡

保护和促进文化多样性是全球化背景下的重要任务。这需要平衡全球化的优点和文化多样性的价值。一种方法是通过文化政策和法律来保护本土文化，鼓励文化产业的发展。另一种方法是通过教育和文化交流来促进跨文化理解和尊重。

（三）保护和促进文化多样性的策略

1. 制定文化政策

国家可以制定文化政策，以保护和促进本土文化。这包括资助本土艺术和文化项目、保护文化遗产、支持本土艺术家和文化创意产业等。文化政策可以帮助文化多样性在全球化中保持独特性。

2. 提供文化教育

教育是促进文化多样性的关键因素。学校可以提供跨文化教育，教授学生如何尊重和理解其他文化。此外，学校可以鼓励学生学习多种语言和文化，以增强他们的跨文化能力。

3. 加强文化交流和合作

国际文化交流和合作也有助于保护和促进文化多样性。文化交流项目、国际文化节目和文化合作活动可以增加人们对其他文化的了解和欣赏。这有助于减少偏见和刻板印象，促进文化多样性的传播和共享。

4. 维护语言多样性

语言是文化的核心组成部分，因此保护语言多样性也是保护文化多样性的重要一环。国家可以制定政策，支持本土语言的保护和传承。此外，国际社会也可以鼓励多语言环境，使不同语言的使用得以维护和传播。

5. 发展文化产业

文化产业在全球化中扮演着重要的角色，它不仅可以提供经济收益，还可以促进文化多样性的传播。国家可以支持文化产业的发展，鼓励本土文化产品的制作和推广。这有助于本土文化在全球范围内获得更广泛的认知。

（四）全球化与文化多样性的未来

1. 全球化的趋势

全球化是一个不可逆转的趋势，将继续影响世界各地。信息技术的发展、国际贸易的扩大以及人们的跨国移动将进一步推动全球化进程。因此，文化多样性面临着持续的挑战。

2. 文化多样性的维护

保护文化多样性需要全球社会的共同努力。国际组织和国际协定可以帮助保护和促进文化多样性，确保文化不会在全球化中消失。同时，个体和社会也可以通过尊重和欣赏其他文化来促进文化多样性的维护。

3. 教育和意识提升

教育和意识提升是维护文化多样性的关键。人们需要了解文化多样性的重要性，并学习如何尊重和欣赏其他文化。学校、媒体和社会组织可以起到教育和宣传的作用，帮助人们更好地理解文化多样性的价值。

4. 文化的创新和适应

文化是动态的，它会随着时间和环境的变化而发展。文化的创新和适应能力有助于文化多样性的持续存在。人们需要鼓励文化的创新，以适应不断变化的全球化环境，同时保留传统和历史的价值。

文化多样性与全球化之间存在着复杂的关系。全球化带来了文化多样性的威胁，但也为文化多样性的传播提供了机会。维护文化多样性需要国家、国际社会和个体的共同努力，通过文化政策、教育和文化交流来促进文化多样性的传播和保护。在全球化时代，我们需要珍惜和尊重各种文化，以确保文化多样性的价值在世界各地得以体现和传承。文化多样性不仅丰富了我们的生活，还有助于推动社会的进步和和谐。

二、跨文化交际的实际需求

在当今全球化的时代，跨文化交际变得比以往任何时候都更为重要。人们不仅在国内进行交流和合作，还经常与来自不同文化背景的人们互动。这些跨文化交际的机会涉及国际商务、国际合作、国际旅游、国际学术合作等多个领域。为了成功地进行跨文化交际，人们需要具备特定的技能和了解不同文化之间的差异。以下将讨论跨文化交际的实际需求，包括在工作场所、商务、教育和旅游等领域中所需的跨文化交际技能和策略。

（一）跨文化交际在工作场所的需求

1. 国际商务和全球化

国际商务是跨文化交际的一个关键领域。全球化使企业不再局限于国内市场，而是积极拓展国际市场。在这个过程中，员工需要与来自不同文化背景的客户、供应商和合作伙伴进行有效的交流。跨文化交际技能对于建立信任、解决问题和促进合作至关重要。

2. 多文化团队管理

在全球化的工作环境中，许多组织都拥有多文化团队，成员来自不同国家和文化。跨文化团队管理需要领导者具备跨文化领导能力，以确保团队的协作和效率。了解不同文化的工作方式、沟通风格和价值观对于成功管理多文化团队至关重要。

3. 跨文化谈判和冲突解决

在国际商务中，跨文化谈判和冲突解决是常见的挑战。不同文化可能对谈判策略、合同条款和冲突处理方法有不同的期望。跨文化交际技能可以帮助专业人士更好地理解对方的需求和期望，从而达成共赢的协议。

4. 跨国公司文化

全球化的公司通常拥有自己的企业文化，但也需要考虑不同国家和地区的文化。员工需要了解公司的价值观和文化，同时也需要尊重和适应当地文化。这有助于建立公司的声誉，吸引国际客户和员工。

（二）跨文化交际在商务领域的需求

1. 跨文化营销和广告

跨文化营销和广告需要考虑不同文化的消费者。广告和市场营销专业人士需要了解目标市场的文化特点，以制定有效的广告策略。语言、符号、色彩和文化符号都可能在不同文化中产生不同的效果。

2. 国际商务礼仪

不同文化有着不同的商务礼仪和社交规范。在商务交往中，了解如何正确行事、如何与客户和合作伙伴交往以及如何处理商务会议和宴会等事项都至关重要。违反商务礼仪可能导致失去商机或冒犯他人。

3. 全球供应链管理

全球供应链涉及与来自不同文化背景的供应商和合作伙伴的协作。供应链管理需要建立信任、解决问题和确保产品和服务的质量。跨文化交际技能有助于顺畅管理全球供应链，减少误解和延误。

4. 跨国谈判和合同管理

国际商务谈判和合同管理需要与来自不同文化背景的人合作。跨文化交际技能在谈判、合同起草和履行中至关重要。了解不同文化对合同条款和法律的理解和期望有助于避免争议和法律问题。

（三）跨文化交际在教育领域的需求

1. 跨文化教育

跨文化教育涉及教育者和学生来自不同文化背景的情况。教育者需要采用跨文化教育方法，以满足学生的不同需求，并创造包容的教室环境。学生也需要培养跨文化交际技能，以更好地融入学术环境。

2. 多语言教育

在国际学术界，多语言教育是一个重要领域。学者和研究生可能需要用不同的语言进行学术研究和合作。跨文化交际技能包括掌握多种语言和理解不同语言和文化的学术规范。

3. 留学和国际学术交流

留学生和国际学术交流者需要适应新的文化和学术环境。他们需要掌握跨文化交际技能，以更好地与导师、同学和研究伙伴进行沟通和合作。理解当地的学术规范和文化背景有助于他们在国际学术界取得成功。

4.教育策略和国际合作

教育政策制定者和教育机构需要考虑国际合作和跨文化交际。建立国际合作项目、招聘国际教师和学生、开展国际研究合作等都需要具备跨文化交际技能。这有助于提高教育质量和国际声誉。

（四）跨文化交际在旅游领域的需求

1.旅游接待和客户服务

在旅游业中，旅游接待员和客户服务专业人员通常会遇到来自世界各地的游客。他们需要具备跨文化交际技能，以满足不同文化游客的需求。了解其他文化的礼仪、需求和期望对于提供优质的服务至关重要。

2.跨文化旅游推广

旅游目的地需要进行跨文化旅游推广，以吸引国际游客。这包括制定适合不同文化市场的宣传和广告策略，考虑不同文化的兴趣和喜好，以及提供多语言信息和导游服务。

3.旅游文化体验

旅游者通常会寻求与当地文化的深度体验。旅游从业者需要与游客分享本土文化、历史和传统，同时尊重游客的文化差异。跨文化交际技能有助于建立积极的旅游文化体验。

4.旅游业的国际合作

国际旅游业常涉及国际合作和交流。旅游业从业者需要与来自不同国家和文化的合作伙伴进行沟通和合作。跨文化交际技能有助于解决合作中的问题和挑战，促进国际旅游业的发展。

（五）跨文化交际技能的培养和发展

1.提供跨文化培训和教育

为了满足跨文化交际的需求，一些教育机构提供跨文化培训和教育课程。这些课程可以教授跨文化交际技能，包括文化敏感性、跨文化沟通、冲突解决和文化适应等方面的内容。这些培训可以帮助个人更好地应对不同文化背景的人们。

2.学习其他语言

学习其他语言是培养跨文化交际技能的重要方式。掌握多种语言可以打开更多的跨文化交际机会，同时也有助于更深入地了解其他文化。语言学习可以通过学校、语言培训机构和在线资源来进行。

3.掌握跨文化经验

亲身体验不同文化是培养跨文化交际技能的有效途径。旅行、留学、国际志愿者工作和国际实习都可以提供宝贵的跨文化经验。这些经历可以让个人更好地理解其他文化，培养文化适应能力。

4.学习跨文化沟通技巧

跨文化沟通技巧包括倾听、提问、观察和解读非言语信号等。学习如何有效地与不同文化背景的人们进行交流是培养跨文化交际技能的关键。可以通过阅读相关文献、参加研讨会和与跨文化专家进行互动来学习这些技巧。

跨文化交际的需求在全球化时代日益增加。无论是在工作场所、商务领域、教育领域还是旅游业，都需要具备跨文化交际技能来成功应对不同文化背景的人们。培养和发展这些技能需要教育、培训和实际经验的结合。跨文化交际技能不仅有助于个人的职业发展，还有助于促进文化多样性的传播和尊重，推动全球社会的和谐和合作。在未来，跨文化交际技能将继续成为一种不可或缺的能力，对于个体和社会都具有重要的意义。

三、跨文化交际对个体和社会的影响

随着全球化的不断发展，跨文化交际已经成为现代社会中不可或缺的一部分。它涵盖了不同文化背景的个体之间的交往与沟通，包括国际商务、国际学术合作、国际旅游以及多元文化社会内部的互动。跨文化交际不仅对个体的生活和职业发展产生深远影响，也对整个社会的文化多样性、和谐和发展产生影响。以下将探讨跨文化交际对个体和社会的影响，强调其重要性和潜在益处。

（一）跨文化交际对个体的影响

1.文化敏感性的提高

跨文化交际使个体更加敏感于不同文化之间的差异。通过与不同文化背景的人们互动，个体开始了解并尊重其他文化的价值观、信仰、习惯和社会规范。这有助于培养文化敏感性，使个体更加包容和开放。

2. 跨文化沟通技能的发展

跨文化交际要求个体具备良好的跨文化沟通技能。这包括有效的言语和非言语沟通、倾听技能、观察力和解释力。个体通过不断与不同文化的人交往，逐渐培养和提高这些技能，从而更好地应对跨文化交际的挑战。

3. 跨文化适应能力的增强

在不同文化的环境中生活和工作需要跨文化适应能力。个体可能需要适应不同的社交习惯、工作方式和生活方式。通过跨文化交际，个体学会灵活适应不同文化背景的情境，这对于个体的个人成长和职业发展非常重要。

4. 拓宽视野和世界观的拓宽

跨文化交际拓宽了个体的视野和世界观。通过与来自不同国家和文化的人们互动，个体能够了解其他地方的生活方式、社会制度和历史背景。这有助于消除偏见、刻板印象和文化隔阂，使个体更具国际视野。

5. 职业发展机会的获得

具备跨文化交际技能的个体在职业发展中具有竞争优势。在全球化的时代，许多行业都需要员工具备与国际客户、供应商和合作伙伴交往的能力。跨文化交际技能不仅有助于个体获得国际性的职业机会，还能提高在其国际舞台上的表现。

6. 自信心的增强

通过成功地进行跨文化交际，个体的自信心得以增强。能够与不同文化背景的人建立联系并克服跨文化沟通障碍会增加个体的自尊心和自信心。这种自信心对于处理各种社交和职业挑战非常有益。

（二）跨文化交际对社会的影响

1. 文化多样性的促进

跨文化交际有助于促进文化多样性。当个体跨越文化边界进行交流和合作时，不同文化的元素得以传播和共享。这有助于保护和丰富各种文化，使文化多样性得以传承和传播。

2. 国际合作和和谐

跨文化交际为国际合作和和谐创造了条件。不同国家和文化的个体通过合作解决共同问题，促进了国际社会的和谐发展。跨文化交际有助于构建国际性的合作关系，推动全球问题的解决。

3. 社会发展和经济增长

跨文化交际对社会发展和经济增长产生积极影响。具备跨文化交际技能的个体有助于推动国际商务、国际旅游、国际教育和国际合作等领域的发展。这为社会创造了更多的就业机会和经济利益。

4. 多元文化社会的建立

在许多国家，跨文化交际促使多元文化社会的形成。不同国家和文化的人们迁徙到其他国家，使社会变得更加多元化。多元文化社会具有各种文化元素的丰富性，但也需要解决多元文化社会的挑战，如文化融合、社会认同和多元文化政策的制定。

5. 文化交流与文化创新

跨文化交际有助于文化交流和文化创新。当不同文化相互交流时，新的思想、艺术、音乐、文学和科技等元素可以融合和创新。这种文化创新有助于丰富人们的文化生活，促进文化的发展和演进。

6. 国际问题的解决

跨文化交际对于解决国际问题至关重要。国际问题通常涉及多个国家和文化之间的争议和合作。通过跨文化交际，各方能够更好地理解对方的立场和需求，从而更容易达成共识和解决国际争端。

7. 人权和社会公平

跨文化交际有助于推动人权和社会公平的进步。通过互相了解不同文化的社会问题和挑战，个体和社会可以更好地意识到全球性问题，如贫困、环境破坏和社会不平等。这有助于促进国际社会对这些问题的共同努力和寻找解决方案。

（三）跨文化交际的挑战和应对措施

尽管跨文化交际对个体和社会带来了众多益处，但也存在一些挑战，需要采取措施来应对：

1. 文化差异和误解

不同文化之间的差异可能导致误解和冲突。为了应对这一挑战，个体需要学习和尊重其他文化的差异，尤其是在语言、礼仪、价值观和社会规范方面。文化敏感性的培养和跨文化培训可以帮助个体更好地理解其他文化。

2. 文化冲突

跨文化交际可能导致文化冲突，尤其是在敏感话题上。为了应对文化冲突，个体需要倾听和尊重其他人的观点，并采取建设性的沟通方式。解决文化冲突需要文化中介和冲突解决技巧。

3. 社会认同问题

在多元文化社会中，个体可能面临社会认同问题。他们需要在维护自己文化身份的同时，也要尊重和适应当地文化。政府和社会组织可以制定多元文化政策，促进社会的包容性和公平性。

4. 语言障碍

语言障碍是跨文化交际的一大挑战。个体可能会遇到语言沟通问题，这可能导致误解和困惑。为了克服语言障碍，个体可以学习其他语言，或寻求翻译和口译帮助。

5. 文化冷漠和歧视

尽管跨文化交际有助于文化多样性的促进，但个体和社会仍然面临文化冷漠和歧视的问题。为了应对这些问题，需要加强反歧视教育和文化交流活动，以推动文化的平等和尊重。

跨文化交际对个体和社会都具有深远的影响。它有助于个体培养文化敏感性、跨文化沟通技能和跨文化适应能力，从而提高个体的生活质量和职业发展。同时，跨文化交际促进了文化多样性、和谐社会和国际合作，对于社会的发展和进步至关重要。尽管存在一些挑战，但通过教育、培训和政策支持，可以更好地应对这些挑战，推动跨文化交际的积极影响。在全球化的时代，跨文化交际将继续发挥着关键作用，有助于构建更加开放和多元的世界。

第二章 语言和文化的相互关系

第一节 语言与文化的定义

一、语言的本质、结构与功能

语言是人类最为重要、复杂和强大的交流工具之一,它在我们的生活中扮演着不可或缺的角色。无论是口头语言、书面语言还是手势语言,语言都是我们表达思想、感情和需求的主要方式。以下将深入探讨语言的本质、结构与功能。

(一)语言的本质

1. 语言的定义

语言是一种符号系统,通过声音、文字、手势等方式传递信息、思想和观念。语言具有一定的结构和规则,允许人们在特定社会和文化背景中进行交流和沟通。语言通常包括词汇、语法、语音和语用学等组成要素。

2. 语言的独特性

语言是人类独有的特征,它与其他生物和动物的交流方式有着明显的区别。语言具有无限创造性,能够表达几乎无限的思想和观念,这是其他生物无法达到的。

3. 语言的社会性

语言不仅是个体的工具,也是社会的产物。语言的形成和发展与社会和文化的演进密切相关。语言反映了社会关系、价值观和文化传统,因此不同社会和文化中的语言具有独特的特点。

4. 语言的多样性

世界上存在着数千种不同的语言，每种语言都具有自己的特点和结构。语言的多样性反映了不同文化和社会的差异，它们在词汇、语法、语音和表达方式上都有所不同。

5. 语言的可变性

语言是一个动态的系统，不断发展和变化。词汇和语法会随着时间而演变，新词汇的产生和旧词汇的淘汰都是语言发展的一部分。语言的可变性使其能够适应社会和文化的变化。

（二）语言的结构

语言具有多层次的结构，包括语音学、形态学、句法学、语义学和语用学。这些层次相互交织，共同构成了一个完整的语言系统。

（1）语音学。语音学研究语言的音素、音位和语音规则。不同语言拥有不同的音素库，语音学家研究这些音素在语言中的发音规则和变音规律。语音学还关注语音的声调、重音和语音学习等问题。

（2）形态学。形态学研究词的构成和形态变化。词的构成包括前缀、后缀、词根等，形态变化包括时态、语态、人称等。不同语言的形态结构各不相同，形态学家研究这些差异以及形态变化的规则。

（3）句法学。句法学研究句子结构和语法规则。它关注句子中词汇的排列和组合方式，以及句子成分之间的关系。句法学家研究语言的句法规则，包括主谓宾结构、修饰关系、从句等。

（4）语义学。语义学研究词汇和句子的意义。它探讨词汇的词义、词的语法角色、逻辑关系以及句子的真值条件等。语义学家研究如何理解和表达意义，以及语言中的歧义和语义演变。

（5）语用学。语用学研究语言在特定语境中的使用。它关注语言交流中的言外之意、指代、暗示、礼貌和语境因素。语用学家研究人们如何在不同情境下使用语言，以及语言如何影响人们的行为和决策。

（三）语言的功能

1. 交际功能

语言的最基本功能是交际，即通过语言来传递信息、交流思想和感情。

交际功能包括口头交流、书面交流以及面对面交际。语言的交际功能使人们能够建立社会联系，分享知识和经验，解决问题和满足需求。

2. 文化功能

语言反映了特定文化和社会的价值观、信仰、习惯和传统。语言是文化的传承工具，通过语言，文化得以传递、保存和演变。不同文化中的语言反映了各自文化的独特性，它们在词汇、礼仪、修辞和象征方面都有所不同。

3. 认知功能

语言在认知过程中发挥着重要作用。它帮助人们组织思维、表达观念和解决问题。语言的认知功能包括思维、记忆、理解和表达。通过语言，人们能够思考抽象概念、记忆信息、理解复杂内容和表达创意。

4. 社会功能

语言在社会中具有重要的功能。它是社会关系的表现，通过语言，人们建立社交网络、维护社会秩序、传递社会规范和展示社会身份。语言的社会功能包括社交交际、社会认同、社会控制和社会变革等方面。

5. 表达功能

语言具有表达情感和情感体验的功能。通过语言，人们能够表达喜怒哀乐、爱恨情感，分享个人经历和情感体验。语言的表达功能使人际关系更加亲近，增强情感联系。

6. 教育功能

语言在教育领域具有重要作用。它是知识和文化传授的工具，通过语言，教育机构能够向学生传授知识、培养技能和传承文化。语言的教育功能包括课堂教学、学术研究、教材编写和学习资源提供。

7. 政治功能

语言在政治领域也具有重要功能。政治家和政府通过语言来传达政策、宣传政治理念、争取选民支持和进行外交交涉。语言的政治功能包括政治演讲、政治宣传、法律文本和国际协定。

8. 经济功能

语言在经济领域起到了促进交易、商务合作和市场传播的作用。商人和企业通过语言来进行商务谈判、广告宣传和客户服务。语言的经济功能包括商务交流、市场营销和国际贸易等方面。

语言是人类最为重要的交流工具之一，它具有多层次的结构和多重的功能。语言不仅是交际的工具，还反映了文化、认知、社会和个体等多个层面的特点。理解语言的本质与功能有助于我们更好地掌握和运用语言，提高交际能力，推动文化传承，促进认知发展，维护社会秩序，加强情感联系，支持教育和促进经济发展。在全球化的时代，语言的重要性愈发凸显，对于个体和社会都具有深远的影响。因此，我们应该珍视语言，推动语言的研究和发展，以更好地满足我们的交流和表达需求。

二、文化的特点与维度

文化是人类社会的基本特征之一，它在我们的生活中起着至关重要的作用。文化包括了价值观、信仰、行为规范、传统习俗、语言、艺术和社会组织等多个方面。每个社会和群体都有其独特的文化，这使得文化成为人们身份认同的一部分。以下将探讨文化的特点与维度，从文化的定义、多样性、动态性、传播和文化维度等方面进行分析。

（一）文化的特点

1. 文化的定义

文化是一个广泛而复杂的概念，很难用简单的定义来囊括其全面性。然而，一种广泛接受的定义是，文化是一群人共同拥有的知识、信仰、价值观、行为、艺术、习俗和社会制度的集合。文化包括了个体和社群的身份认同、生活方式和思维方式等方面。

2. 文化的多样性

文化是多样化的，世界上存在着数千种不同的文化。每种文化都具有自己的特点和特色，包括语言、宗教、食物、服饰、音乐、艺术和社会结构等。文化的多样性反映了人类社会的复杂性和丰富性。

3. 文化的动态性

文化是动态的，它会随着时间而变化和演化。文化的变化可以受到历史事件、科技进步和社会变革的影响。文化的动态性使得人们能够适应不断变化的环境和社会需求。

4. 文化的传播

文化可以通过传播而传递和扩散。传播渠道包括语言、媒体、教育、移民、旅游和国际交流等。文化的传播有助于不同文化之间的互动和交流，促进了文化交流和融合。

5. 文化的背后

文化是社会和个体行为的背后动力。文化影响人们的决策、习惯、信仰和价值观。它也反映了社会的组织方式、政治结构和社会秩序。文化的背后是人们的思维方式和生活方式的根源。

（二）文化的维度

1. 分类

（1）集体主义与个体主义。集体主义文化强调群体的利益和合作，个体主义文化强调个体的自由和独立。在集体主义文化中，人们更倾向于以群体为单位，依赖群体支持，强调共同体验和共同责任。而在个体主义文化中，个体的权利和自由更受重视，个体的独立和竞争性更强。

（2）高/低权力距离。高权力距离文化中，社会关系和社会地位更加重要，权威和权力集中在少数人手中，人们更容易接受不平等。低权力距离文化中，社会关系更加平等，人们更倾向于平等和民主，权威被质疑和分散。

（3）不确定性规避。在高不确定性规避文化中，人们更倾向于规定性、计划性和安全性，他们试图规避不确定的情况，依赖规则和制度来应对风险。在低不确定性规避文化中，人们更加接受不确定性，更加灵活和适应不确定的情况，不太依赖规则和制度。

（4）长期导向与短期导向。长期导向和短期导向是文化维度的另一分类。长期导向文化强调长期目标、耐心和坚持，人们更注重未来的利益。短期导向文化强调眼前的满足和快速反应，人们更注重即时的满足和回报。在长期导向文化中，人们更容易进行长期投资和计划。

2. 立场

立场是文化维度的一个关键要素。立场包括了个体主义和集体主义、高/低权力距离、不确定性规避和长期导向等方面的文化特点。文化的立场影响了人们的价值观和社会行为，它反映了文化的核心特征和倾向。

3. 文化的交叉

文化的维度并不是孤立存在的，不同的文化可以同时具有多个维度的特点。例如，一种文化可能是集体主义的、高权力距离的、低不确定性规避的，而另一种文化可能是个体主义的、低权力距离的、高不确定性规避的。文化的交叉使得不同文化之间的差异更加复杂和多样。

4. 文化的适应性

文化的维度反映了不同文化在不同情境下的行为倾向。然而，个体和社会在特定情境下可以适应不同的文化特点。文化的维度并不是一成不变的，它可以在不同情境下发生变化。因此，文化适应性是个体和社会的重要能力。

（三）文化维度的影响

1. 商务和国际关系

文化维度对商务和国际关系具有深远的影响。不同文化之间的差异可能导致误解、冲突和交流困难。因此，了解不同文化的维度有助于有效地开展国际商务和外交活动。

2. 教育

文化维度也影响教育领域。教育体制、教学方法和教育目标在不同文化中可能存在差异。了解文化维度有助于教育者更好地满足不同文化背景学生的需求，促进跨文化教育。

3. 跨文化交流

在全球化时代，跨文化交流变得更加普遍。文化维度的理解有助于个体和组织更好地应对跨文化交流的挑战，促进跨文化合作和理解。

4. 管理与领导

文化维度也在管理和领导中发挥重要作用。不同文化的领导风格、管理方法和组织结构可能存在差异。了解文化维度有助于领导者更好地适应和管理多元文化团队。

5. 社会和政治变革

文化维度也在社会和政治变革中发挥作用。文化的价值观和信仰可能影响社会运动、政治活动和社会变革的方向和速度。文化维度的了解有助于社会和政治领导者更好地理解社会需求和动态。

文化是人类社会的核心特征之一，它具有多样性、动态性和影响力。文化维度反映了不同文化在集体主义与个体主义、高/低权力距离、不确定性规避、长期导向等方面的差异。了解文化的特点与维度有助于个体和组织更好地应对跨文化挑战，促进文化交流和融合，实现更加包容和多元的社会和世界。在全球化的时代，文化的重要性愈发凸显，我们应该珍视并尊重不同文化，推动文化的理解与和谐。

三、语言与文化的交互关系

语言和文化是人类社会两个最为重要、密切相连的方面。语言作为一种交流工具，承载着文化的传承和表达。文化则影响着语言的形态、结构和使用方式。这两者之间存在着紧密的交互关系，相互影响和塑造。以下将深入探讨语言与文化之间的交互关系，包括语言如何反映文化、文化如何塑造语言、跨文化交际中的挑战与策略等多个方面。

（一）语言如何反映文化

1. 词汇与文化

语言的词汇反映了文化的价值观、信仰和生活方式。不同文化中的词汇有时是独特的，因为它们需要用特定的词语来表达文化特有的概念。例如，日本的"和谐"（wa）和"礼貌"（keigo）是反映日本文化中强调和谐与尊重的词汇，而西方文化中可能没有与之对应的概念。此外，某些语言中的词汇可能更加详细地描述了文化中的特定概念。比如，因纽特人的语言具有多个词来描述不同类型的雪，反映了他们生活在极寒气候下的文化特点。

2. 语法与文化

语言的语法结构也受文化影响。不同文化中的语法规则可能存在差异，反映了文化中的重要概念和价值观。例如，某些语言会强调行为的完成时态，而另一些语言则更注重行为的进行时态。这反映了文化中对于过去和现在的不同关注点。此外，一些文化中的语法规则可能更加正式和复杂，反映了社会层级和礼仪的重要性，而另一些文化则可能更加注重简洁和实用。

3. 声音与语言

语言中的声音、发音和音调也受文化影响。不同文化中的语音系统可能存在差异，反映了文化对声音和发音的不同要求。例如，某些语言中存在口音和语音特点,这可能反映了地理区域、社会群体或社会地位的不同。此外,音乐和歌唱也是文化表达的一种方式,不同文化中的音乐风格和歌词反映了文化的情感、价值观和历史。

4. 言语礼仪与文化

言语礼仪是语言中的重要方面,它反映了文化中的社交规范和尊重原则。不同文化中的言语礼仪可能存在差异,包括问候方式、称呼方式、礼物习惯、对话结构等。例如,一些文化中强调直接的沟通和表达,而另一些文化则更注重含蓄和间接的表达方式。了解并遵循文化中的言语礼仪是进行跨文化交际的关键。

(二)文化如何塑造语言

1. 影响词汇的诞生和消失

文化对语言中的词汇产生和消失起着重要作用。文化中的新概念、新事物和新技术通常需要创造新词汇来描述。例如,数字技术的迅速发展导致了许多新词汇的出现,如"互联网""手机应用"等。此外,文化的演变和变革也可能导致某些词汇的消失。例如,随着社会的变化,一些描述传统职业和生活方式的词汇逐渐被淘汰。

2. 影响语法结构的演变

文化的变化也可以影响语法结构的演变。社会和文化变革可能导致语法规则的调整和变化。例如,性别平等运动的兴起影响了一些语言中的性别和性别角色的语法表示。此外,社会关系和社会地位的改变也可能反映在语法中,如用词的尊敬和非正式形式的使用。

3. 影响发音和口音

文化中的声音和发音偏好也可以塑造语言的发音和口音。不同文化中的发音和音调习惯可能导致语言发音的不同。例如,一些文化中强调清晰和准确的发音,而另一些文化则更注重语音的音乐性和韵律。这些差异可以影响个体的发音和口音。

4. 影响言语礼仪和社交规范

文化中的言语礼仪和社交规范对语言的使用方式产生深远影响。文化中的社交规范决定了如何进行问候、交流、回应和表达尊重。不同文化中的社交规范可能导致不同的言语习惯和交流方式。例如,一些文化中可能更注重在对话中保持沉默,以表达尊重和谦虚,而另一些文化则可能更倾向于直接表达观点和情感。言语礼仪还包括对于称呼方式、礼物习惯和礼节的要求,这些都会影响语言的使用。

5.影响语言的演化和变化

文化的演化和变化也会影响语言的演化和变化。文化中的社会、政治、科技和经济变革可能导致新的语言需求和语言使用方式的出现。例如,数字化时代的兴起催生了许多新的语言表达方式,如网络用语和缩写。此外,文化中的文学、媒体和流行文化也对语言的演化和变化产生影响,新的词汇和短语可能源自文化中的流行趋势和创新。

(三)跨文化交际中的挑战与策略

1.语言障碍

在跨文化交际中,语言障碍是一项常见的挑战。当不同文化之间使用不同的语言时,沟通可能会受到限制。语言障碍可能导致误解、混淆和交流失败。为了克服这一挑战,可以采取以下策略:

(1)学习对方的语言或使用一种共同的第二语言。

(2)借助翻译工具和翻译服务来进行沟通。

(3)采用简洁和清晰的语言表达方式,避免使用复杂的词汇和语法结构。

(4)鼓励对方主动提问和澄清,以确保理解。

2.文化误解

文化差异可能导致文化误解。当人们对其他文化的价值观、信仰和行为规范不了解或不理解时,可能会产生误解和冲突。为了克服文化误解,可以采取以下策略:

(1)学习和了解对方的文化,包括其价值观、信仰和习俗。

(2)保持开放和尊重的态度,避免对其他文化产生偏见或刻板印象。

(3)主动提问和探索对方文化,以增进理解。

(4)寻求跨文化培训和指导,以提高跨文化交际的能力。

3.礼仪和社交规范

跨文化交际中的礼仪和社交规范差异可能导致尴尬和冲突。为了克服礼仪和社交规范的挑战,可以采取以下策略:

(1)学习和遵守对方文化中的礼仪和社交规范。

（2）在不确定的情况下，观察对方的行为并尊重其习惯。

（3）主动了解对方的期望和要求，以避免冒犯。

（4）感知和理解非言语交流，如肢体语言、表情和声音调。

4.跨文化敏感性

跨文化交际需要跨文化敏感性，即对不同文化的尊重和理解。跨文化敏感性有助于建立积极的跨文化关系，避免冲突和误解。为了提高跨文化敏感性，可以采取以下策略：

（1）学习不同文化的历史、文化背景和价值观。

（2）培养开放的心态，接受多样性和差异性。

（3）倾听和尊重对方的观点和看法，避免将自己的文化标准强加给对方。

（4）寻求跨文化交际的机会，积累经验并不断提高跨文化敏感性。

语言与文化之间存在着紧密的交互关系，它们相互影响和塑造。语言反映了文化的特点和价值观，文化则塑造了语言的形态、结构和使用方式。在跨文化交际中，人们面临语言障碍、文化误解、礼仪和社交规范的挑战。为了成功地进行跨文化交际，个体和组织需要具备跨文化敏感性，学习和尊重不同文化，提高语言和文化的意识。跨文化交际的成功不仅有助于建立积极的跨文化关系，还能促进国际合作、文化交流和全球化进程。

最后，我们应该认识到语言和文化的交互关系是多维度和复杂的，它们的影响和作用在不同文化背景下可能存在差异。因此，在跨文化交际中，我们需要保持谦虚和灵活，不断学习和适应，以建立更加开放和包容的跨文化社会。这将有助于促进文化多样性的尊重和维护，增进不同文化之间的理解与和谐。

第二节 文化对语言的影响

一、文化价值观与语言表达

文化价值观与语言表达之间存在着深刻的关系，它们相互影响和塑造。文化价值观是一组共享的信仰、原则和观念，它们反映了一个社会或群体的核心特点和理念。语言表达则是将这些文化价值观转化为言语的过程，通过语言传递和体现文化的精髓。以下将深入探讨文化价值观与语言表达之间的关系，包括不同文化价值观对语言的影响、语言如何反映文化价值观，以及跨文化交际中的挑战和策略等多个方面。

（一）文化价值观对语言的影响

1. 影响词汇和表达方式

文化价值观影响了一个社会中的词汇和表达方式。不同文化中的价值观可能导致对某些概念或情感有更多或更少的关注，因此需要更多或更少的词汇来描述。例如，一些文化可能非常重视家庭和亲情，因此拥有多种词汇来表达不同类型的家庭关系和情感。相比之下，另一些文化可能更加注重个体的自由和独立，因此可能没有那么多的与家庭相关的词汇。

此外，文化价值观还影响了语言中的表达方式。一些文化可能更倾向于直接、明确的表达方式，而另一些文化可能更注重含蓄、委婉的表达方式。例如，在某些文化中，直接说出自己的需求和意见被视为坦诚和诚实，而在另一些文化中，更多地使用委婉语言被视为尊重和礼貌。

2. 影响语法和语法结构

文化价值观也可以影响语言的语法和语法结构。不同文化中的价值观可能导致语法规则的差异。例如，一些文化中更强调社会层级和尊重，因此语法中可能存在更多的敬语和尊敬方式。相反，另一些文化中可能更强调平等和直接性，语法中可能较少使用敬语。

此外，文化价值观还可以影响语言中的语法结构。一些文化可能更注重过去和历史，因此语言中可能存在更多的过去时态和历史故事的叙述方式。相比之下，另一些文化可能更注重现实和当下，语法中可能更强调现在时态和实际情况的叙述方式。

3. 影响言语礼仪和社交规范

文化价值观也对言语礼仪和社交规范产生深远影响。不同文化中的价值观决定了如何进行问候、交流、回应和表达尊重。一些文化可能更强调直接而开放的沟通方式，鼓励表达个人观点和情感。而另一些文化可能更注重含蓄和委婉的表达方式，避免直接冒犯或引起不适。

文化价值观还影响了社交规范，包括礼物的赠送、宴会礼仪、对待陌生人的方式等。例如,在一些文化中,礼物的赠送是一种表达友情和感激的方式,而在另一些文化中,礼物的选择和赠送方式需要符合特定的社交规范。

(二)语言如何反映文化价值观

1. 词汇和表达方式的反映

语言反映了文化价值观的词汇和表达方式。通过分析一种语言中的词汇,可以了解到该文化中哪些概念和情感更为重要。例如,希腊语中有多个词汇来描述不同类型的爱,包括"爱情"(eros)、"友情"(philia)和"亲情"(storge),反映了希腊文化中对不同类型的爱的重视。

此外,语言中的表达方式也反映了文化价值观。一些文化可能使用大量的委婉语言和客套话语,以表达尊重和礼貌。而另一些文化可能更注重直接和坦诚的表达方式,以传达真实的情感和意见。

2. 礼仪和社交规范的反映

语言也反映了文化价值观中的社交规范和礼仪。不同文化中的社交规范和礼仪要求可能反映在语言中的用词、称呼方式和交流模式上。例如,一些文化中强调对长辈的尊敬,要求使用敬语和尊称,这在语言中会反映为特定的称呼方式和敬语的使用。

另外,文化中的社交规范也影响了语言中的礼仪用语,如问候语、道别语、感谢语等。不同文化中可能存在不同的礼仪用语,以表达尊重和友好。例如,在中文中,常用的问候语包括"你好吗?""吃了吗?"等,这些表达方式强调了关心和关怀,反映了中国文化中的社交规范。

3. 语言的隐喻和比喻

文化价值观也可以通过语言中的隐喻和比喻来表达。隐喻和比喻是一种常用的修辞手法,它们将抽象的概念或情感与具体的形象和比喻相联系,以更生动和深刻地表达思想和情感。

不同文化中的隐喻和比喻可能存在差异,反映了文化价值观中的不同观念和理念。例如,英语中常用的比喻如"时间就是金钱"反映了西方文化中对时间的高度价值和效率的观念。相比之下,中国文化中可能使用与自然、道德或历史相关的比喻,以表达抽象概念。

4. 语言的谚语和俚语

文化价值观也体现在语言的谚语和俚语中。谚语是一种包含智慧和道德教训的短语或句子，它们反映了文化中的价值观和传统智慧。不同文化中的谚语可能强调不同的道德和行为准则。例如，英语中的谚语"早起的鸟儿有虫吃"强调了勤奋和努力的价值。

俚语则是一种非正式的、通常是地区性的表达方式，它们反映了文化中的口头传统和社会观念。俚语通常用于非正式的交流中，但它们也可以反映文化中的智慧和价值观。不同文化中的俚语可能涉及社会习惯、道德规范和文化特点。通过分析一种文化中的谚语和俚语，可以更深入地理解该文化的核心价值观和信仰。

二、文化符号与隐喻

文化符号和隐喻是我们日常生活中不可或缺的元素，它们构成了人类思维的深层结构，影响着我们的语言、思考和行为。以下将深入探讨文化符号和隐喻的概念，探讨它们在文化传承和认知科学中的作用，并分析它们如何在不同文化背景中塑造和影响我们的世界观。

（一）文化符号的概念与作用

文化符号是一种广泛存在于人类社会中的非语言元素，它们通常由一组图像、符号、动作、物品或声音组成，用来传达特定的意义和信息。文化符号在社会交往、传统仪式、艺术表达等方面都起着重要的作用。以下是文化符号的一些关键特征和作用：

1. 意义传递

文化符号通过视觉、听觉或触觉等感官传达特定的意义和信息。例如，红色在许多文化中代表着爱情或危险，这种意义是通过文化符号传递的。

2. 社会认同

文化符号常与群体认同紧密相连。人们通过共享和使用特定符号来表达他们属于某种特定文化、宗教、民族或社群的身份。

3. 沟通工具

文化符号可以帮助人们进行有效的沟通，尤其是在语言障碍存在的情况下。例如，在国际体育比赛中，国旗和国家队服装就是文化符号的典型例子，它们能够迅速传达国家和队伍的身份。

4.情感表达

文化符号也用于表达情感和情感状态。例如，不同颜色的花朵在礼物赠送中常代表不同的情感，如红玫瑰表示爱情，白百合表示纯洁。

5.艺术和创造性表达

文化符号在艺术和创造性表达中发挥着关键作用。艺术家和创作者常利用符号来传达他们的思想、情感和观点。

文化符号的作用不仅体现在日常生活中，也在文化传承、教育和媒体中发挥着关键作用。通过文化符号，人们能够传承和共享历史、价值观和思想，从而连接过去和现在，塑造未来。

（二）隐喻的概念与认知科学

隐喻是另一个重要的认知工具，它与文化符号有着密切的联系。隐喻是一种将一个概念或事物与另一个概念或事物进行类比的语言结构。隐喻的作用在于扩展我们的思维和理解，使我们能够理解抽象或复杂的概念。

以下是关于隐喻的一些关键观点：

1.抽象概念的表达

隐喻允许我们使用具体的、容易理解的概念来描述抽象的或难以捉摸的事物。例如，我们常说时间就是金钱，这是一个隐喻，它将时间与金钱进行了类比，使得时间的重要性更容易被理解。

2.思维的扩展

隐喻有助于我们在思维中进行扩展和联想。通过将不同的概念联系起来，我们可以更深入地思考和理解事物。

3.文化和社会因素

隐喻是文化和社会背景的反映，不同文化中可能存在不同的隐喻体系。这些隐喻体系反映了文化的价值观和信仰，对人们的思维和行为产生深远影响。

4.艺术和文学

隐喻在艺术和文学中得到广泛应用。诗歌、小说、绘画和音乐等艺术形式常使用隐喻来传达深层次的情感和意义。

5.认知科学研究

隐喻研究在认知科学领域具有重要地位。它们被用来研究人类思维的结构和运作方式，以及语言和思维之间的关系。

隐喻不仅存在于语言中，还存在于我们的思维方式中。它们帮助我们理解世界，构建概念，创造和表达新的想法。

（三）文化符号与隐喻的交互作用

文化符号和隐喻并不是孤立存在的，它们常相互交织，共同塑造了我们的认知和文化体验。以下是文化符号和隐喻之间的一些关键交互作用：

1. 文化隐喻

文化隐喻是将文化符号与隐喻结合起来，用以表达特定文化中的价值观和信仰。这种隐喻形式通过文化符号来传达文化的核心概念。例如，中国文化中的"红色如火"就是一种文化隐喻，它将红色与火的形象相连接，表达了热情、活力和好运的概念。这种隐喻不仅仅是一种语言表达方式，还深刻地反映了中国文化的价值观。

2. 跨文化传播

文化符号和隐喻在跨文化传播中起到关键作用。当信息需要跨越不同文化和语境传递时，适当使用文化符号和隐喻可以帮助信息更容易被理解和接受。然而，这也需要考虑到不同文化中可能存在的误解或敏感问题。

3. 文化冲突与理解

文化符号和隐喻有时也可以导致文化冲突或误解。不同文化中对同一符号或隐喻的理解可能不同，这可能导致误解或不适当的交流。因此，在跨文化交流中，跨文化意识和敏感性非常重要。

4. 文化创造性表达

文化符号和隐喻是文化创造性表达的重要元素。艺术家、作家和创作者常常利用文化符号和隐喻来表达他们的文化背景、观点和情感。这种表达方式不仅有助于传播文化，还可以推动文化创新和多元性。

5. 文化变迁与演化

文化符号和隐喻也随着时间而变化和演化。新的文化符号和隐喻可能会涌现，旧的符号和隐喻可能会失去其原有的意义。这反映了文化的动态性和适应性。

（四）文化符号与隐喻的例子

为了更好地理解文化符号和隐喻的重要性，让我们看一些具体的例子：

吉祥物：许多体育比赛和商业品牌都有自己的吉祥物，这些角色常代表着特定的价值观和文化。例如，奥林匹克运动会的吉祥物通常反映了举办国家的文化和传统。

1. 动物符号

不同文化中对动物的看法常具有深刻的文化象征意义。例如，在中国文化中，龙被视为吉祥的象征，而在西方文化中，狮子常代表勇气和力量。

2. 颜色隐喻

颜色在不同文化中有不同的象征意义。例如，在西方文化中，白色通常代表纯洁和无辜，而在亚洲文化中，白色常与丧葬和悲伤相关联。

3. 政治隐喻

政治领域常使用隐喻来表达政治观点和策略。例如，美国政治中经常使用"铁幕"这一隐喻来描述冷战时期的东西方分裂。

4. 宗教符号

宗教中充满了各种符号和隐喻，这些符号代表着信仰、道德和神圣性。例如，基督教中的十字架代表着耶稣的牺牲和拯救。

文化符号和隐喻是人类思维和文化的重要组成部分。它们通过语言、艺术、社会交往和认知方式影响着我们的生活。了解文化符号和隐喻的作用和交互作用有助于我们更好地理解不同文化之间的差异，促进跨文化交流和理解。同时，它们也为艺术、文学和创造性表达提供了丰富的素材，推动了文化的创新和发展。因此，文化符号和隐喻不仅是语言和思维工具，还是人类文化多样性和丰富性的体现。

三、文化语境与语言使用

语言是人类社会和文化的核心要素之一，而语言使用不仅受到语法和词汇的影响，还深受文化背景的制约。文化语境是语言使用的关键因素之一，它包括了文化的价值观、信仰、传统、社会结构以及历史等多个方面的内容。以下将深入探讨文化语境与语言使用之间的关系，以及它们在跨文化沟通中的重要性与复杂性。

（一）文化语境的概念与元素

文化语境是指一种文化环境中的语言使用方式，它在语言交际中发挥着至关重要的作用。文化语境的主要元素包括以下几个方面：

1. 价值观和信仰

不同文化对于道德、伦理、宗教信仰等方面有着不同的看法和价值观。这些价值观会影响语言的使用。例如，某些话题在某些文化中可能被视为敏感或禁忌。

2. 社会结构和地位差异

文化背景中的社会结构和地位差异也会在语言使用中体现出来。例如，在一些社会中，对长辈的尊敬在语言中表现为使用特殊的敬语，而在其他社会中则可能较少强调这种差异。

3. 历史和传统

文化的历史和传统对于语言使用有着深远的影响。一些词汇、表达方式和习惯用语可能源自历史事件或传统习惯，这些因素在语言中扮演着重要角色。

4. 非语言符号

文化语境不仅包括语言本身，还包括非语言符号，如手势、面部表情、身体姿势等。这些非语言符号在不同文化中具有不同的含义，可以补充和解释语言的信息。

5. 社会规范和礼仪

每种文化都有其独特的社会规范和礼仪，它们会影响语言的使用方式。在一些文化中，直接表达意见可能被视为失礼，而在其他文化中则可能被鼓励。

文化语境是多层次的、复杂的，它不仅影响着个体之间的交流，还塑造着整个社会的语言和文化格局。

（二）语言使用中的文化因素

语言使用不仅是简单的信息传递，它也是文化认同和社会互动的表现。以下是语言使用中的一些文化因素：

1. 语言选择

文化决定了人们使用哪种语言。多语言社会中,人们根据情境和社交关系来选择使用特定语言或方言。例如,在加拿大,人们可以使用英语或法语,具体取决于他们所在的省区和文化背景。

2. 语言敬语

不同文化中的语言敬语差异巨大。一些文化非常强调社会地位和尊卑关系,因此在语言中使用敬语是常见的。在其他文化中,人们可能更注重平等,不太使用敬语。

3. 直接与间接沟通

文化背景也影响到人们的沟通方式。一些文化倾向于直接表达观点和感受,而其他文化更倾向于委婉、间接的表达方式。

4. 时间观念

文化背景还会影响人们对时间的看法。一些文化非常注重准时,视时间为金钱,而其他文化可能更灵活对待时间。

5. 幽默和隐喻

文化背景对于幽默和隐喻的理解也有着重要影响。某些笑话或幽默方式在一种文化中可能非常有趣,但在另一种文化中却可能被误解或被视为不得体。

6. 礼仪和礼物赠送

文化背景在礼仪和礼物的赠送方面也发挥着重要作用。不同文化中,适当的礼仪和礼物选择可能截然不同。

(三)跨文化沟通的挑战与策略

跨文化沟通常充满挑战,因为不同文化的语言使用方式和社交规则可能存在差异。以下是一些应对跨文化沟通挑战的策略:

1. 尊重和开放

了解并尊重对方的文化是跨文化沟通的关键。尝试理解对方的价值观、习惯和信仰,避免做出冒犯性的言行。

2. 学习基本礼仪

在进入不熟悉的文化环境时,学习基本的礼仪和社交规则是必要的。这可以帮助你在不同文化背景中更好地融入并避免尴尬或冒犯的情况。

3. 倾听和观察

在跨文化交流中，倾听对方并观察非语言信号非常重要。这可以帮助你更好地理解对方的意图和情感，即使语言障碍存在也能保持有效的沟通。

4. 避免刻板印象

不要将某种文化中的一种行为或特质一概而论地应用于所有该文化的成员。每个人都是独特的，文化仅仅是一个影响因素。

5. 请教和学习

如果你不确定如何在特定文化环境中正确行事，不要害怕请教当地人或专家。他们的指导和建议可以帮助你更好地适应。

6. 多样性和包容性

鼓励多样性和包容性的态度。认识到不同文化的丰富性和独特性，可以帮助促进跨文化交流和合作。

（四）文化语境与全球化

全球化是当今世界不可避免的趋势，它导致不同文化之间的交流和互动变得更加密切。在这一背景下，文化语境的理解和应用变得尤为重要。

1. 跨文化商务

全球化已经导致了跨文化商务的增加。在国际商务中，了解不同文化的商业惯例和礼仪非常关键。例如，在一些亚洲国家，商务交往常常需要建立亲密的人际关系，而在西方国家，强调效率和交易条款可能更重要。

2. 国际政治和外交

国际政治和外交领域也需要跨文化沟通的技巧。外交官和政治家必须在不同文化之间进行有效的谈判和合作。了解对方文化的背景可以增进信任和合作。

3. 文化交流与艺术

全球化也促进了不同文化之间的艺术和文化交流。电影、音乐、文学和艺术作品可以在全球范围内传播，但要被广泛接受，必须考虑到不同文化的口味和价值观。

文化语境与语言使用是人际交往和社会互动中至关重要的因素。了解不同文化的语言使用方式和社交规则可以帮助我们更好地沟通，建立互信关系，促进跨文化合作。同时，跨文化沟通也需要开放、尊重和包容的态度，以确保我们在多样性的世界中取得成功。文化语境不仅是语言的表面，它还反映了一个社会的核心价值观和身份认同，因此在全球化时代，它具有不可低估的重要性。

第三节 语言对文化的反馈

一、语言演变与文化变革

语言和文化是人类社会中最重要的元素之一，它们彼此交织，互相影响，共同塑造着社会的面貌。语言不仅是信息传递的工具，还是文化传承和认同的表现。以下将深入探讨语言演变与文化变革之间的紧密联系，以及它们如何相互影响和塑造社会的演进。

（一）语言演变的概念与机制

语言演变是指语言系统随着时间的推移而发生的变化和发展。它可以在多个层面上发生，包括音韵、语法、词汇和语用等方面。语言演变通常受到以下几个主要机制的影响：

1. 语音演变

语音是语言的基本元素之一，它会随着时间的推移而发生变化。这种变化可能包括发音的转变、音位的演变以及重音模式的改变。语音演变可以由社会和文化因素引发，也可以由语音系统内部的压力导致。

2. 词汇演变

新词汇的创造、旧词汇的消失以及词汇的含义变化都属于词汇演变的范畴。社会和文化变革通常会导致新的词汇需求。例如，科学、技术和社会变革常需要创造新的专业术语。

3. 语法演变

语法结构和规则也可以随着时间的推移而发生变化。语法演变可能包括语序的改变、格位的消失以及动词时态的演变。文化因素和社会需求对语法演变有着深刻的影响。

4. 接触语言

语言接触是指不同语言和文化之间的交流和互动。当不同文化的人们接触并交流时，它们的语言可能受到对方语言的影响，导致语言演变。这种影响可以是借词、语法结构的借用，甚至是发音方式的改变。

5. 社会变迁

社会变革和文化变迁也常驱动着语言演变。政治、科技、经济和文化变化都可能对语言产生深远影响。例如，工业革命导致了新的技术和职业，需要创造新的词汇和表达方式。

（二）文化变革的概念与驱动因素

文化变革是社会和文化体系发生重大变化和调整的过程。它通常受到多种因素的影响，包括以下几个主要驱动因素：

1. 技术创新

新的技术发明和创新通常会导致文化的变革。例如，互联网的普及改变了信息传播方式，影响了文化的形态和参与方式。

2. 社会和政治运动

社会和政治运动常推动文化变革。例如，民权运动、女权运动等都在推动社会的文化变革方面发挥了关键作用。

3. 全球化

全球化使不同文化之间的交流和互动变得更加频繁和密切。这导致了文化的混合和交融，促进了文化变革。

4. 经济因素

经济因素也对文化产生深远影响。经济的繁荣或萧条、消费习惯的改变都可能影响文化的发展和变革。

5. 教育和媒体

教育系统和媒体也是文化变革的重要因素。它们不仅传播知识和信息，还塑造了价值观和社会观念。

文化变革通常表现为以下几个方面的变化：

1. 价值观和信仰

社会的文化变革可能导致人们的价值观和信仰发生改变。例如，宗教改革运动在欧洲引发了宗教信仰的变化。

2.社会结构和组织

文化变迁可能改变社会结构和组织方式。例如，工业革命导致了工业社会的形成，改变了社会的组织结构。

3.艺术和文学

文化变革也在艺术和文学领域有所体现。艺术作品和文学作品通常反映了社会和文化的变化。

（三）语言演变与文化变革的相互关系

语言演变和文化变革之间存在着密切的相互关系。以下是它们之间相互影响的几个方面：

1.语言反映文化变革

语言是文化的反映，因此它通常会反映文化变革的特征。例如，新的科技和社会现象通常需要创造新的词汇或表达方式，以适应变化的现实。社会媒体、数字化技术和互联网文化的兴起就导致了许多新词汇的出现，如"自拍"（selfie）、"社交媒体"（social media）等。

2.文化变革塑造语言

文化变革会对语言产生深远影响，导致语言的演变。例如，社会结构的变化可能导致社会地位和尊卑关系的重新定义，这可能会反映在语言的敬语和称呼方式上。

3.文化因素影响语言接触

文化因素常影响不同语言之间的接触和互动。当不同文化的人们相互交流时，他们的语言可能会相互影响，导致语言演变。这种影响可以包括词汇借用、语法结构的调整以及发音的变化。

4.文化因素影响语言选择

文化背景和社会认同也会影响人们在多语言社会中的语言选择。文化认同通常与语言认同紧密相连，因此文化变迁可能导致人们更频繁地选择或切换使用不同的语言。

5.文化因素塑造语言的隐喻和比喻

文化的价值观和信仰常表现为语言中的隐喻和比喻。文化变迁可以导致新的隐喻和比喻的出现，反映出文化观念的演变。

（四）语言与文化的互动对社会的影响

语言与文化的互动对社会产生广泛的影响，这些影响体现在社会、经济、政治和文化层面：

1. 社会认同和文化多样性

语言和文化的互动促进了社会认同的形成。不同的文化和语言群体在社会中共存，形成了文化多样性的特征。这样的多元文化社会丰富了社会，但也可能引发文化冲突和挑战。

2. 经济和全球化

语言和文化的互动对全球化进程产生重大影响。多语言社会中的语言交际和文化交流成为全球经济和国际贸易的关键因素。同时，全球化也带来了不同文化之间的竞争和争议。

3. 政治和社会运动

语言和文化的互动对政治和社会运动产生深刻影响。语言的使用和文化认同通常是政治运动和社会抗议的核心。例如，少数民族常常通过语言和文化维权，争取平等权利。

4. 文化创新和艺术

语言和文化的互动推动了文化创新和艺术的发展。新的文化概念、审美标准和文学作品常在语言和文化的互动中诞生。艺术家和创作者也常受到文化变迁的启发，创造出反映当代社会的作品。

语言演变与文化变革是社会演化中密不可分的组成部分。它们相互影响，相互塑造，共同推动社会的发展和变革。在全球化的时代，对语言与文化的深刻理解以及对多元文化社会的尊重和包容变得尤为重要。只有通过有效的跨文化沟通和合作，我们才能更好地应对全球挑战，实现文化多样性的和谐共存。语言和文化的演变将继续塑造我们的社会和文明，为未来的发展开辟新的可能性。

二、语言规范与文化认同

语言是文化认同的核心元素之一，它不仅是信息传递的工具，还是文化传承和身份认同的表达方式。语言规范是一种规定了正确用法和结构的语言标准，它在塑造和反映文化认同方面扮演着重要角色。以下将深入探讨语言规范与文化认同之间的紧密联系，以及它们如何相互影响和塑造个体和社会的认同。

（一）语言规范的概念与作用

语言规范是对语言正确用法和结构的规定和标准。这些规范通常由语言学家、教育机构和语言权威制定，并被广泛接受和遵守。语言规范包括了以下几个关键方面：

1. 正式语法和拼写

语言规范规定了语法结构、句子构建和拼写规则。这些规范旨在确保语言的清晰性和准确性。

2. 词汇用法

语言规范还包括了词汇的正确用法。它确定了哪些词汇可以用于特定的情境和语境中。

3. 发音准则

发音是语言的关键要素之一。语言规范通常规定了正确的发音方式和音位。

4. 交际礼仪

一些语言规范也包括了社交礼仪和交际准则，这些规范有助于社交互动的顺畅进行。

语言规范的主要作用包括以下几个方面：

1. 促进交流

语言规范确保了有效的信息传递和交流。当大多数人都遵守相同的语言规范时，交流变得更加顺畅和明确。

2. 维护文化传承

语言规范有助于保持文化传承的一致性。它们确保了文学作品、历史文献和传统知识的传承。

3. 表达认同

个体和社群通常通过遵守特定的语言规范来表达他们的文化认同和归属感。特定的语言规范可以成为文化团体的象征。

（二）文化认同的概念与重要性

文化认同是个体对其所属文化的认同和归属感。它包括了以下几个核心方面：

1. 语言认同

语言是文化认同的重要组成部分。个体通常通过说同一种语言来表达他们的文化认同。语言是文化传承的媒介，也是个体与社群的联系方式。

2. 价值观和信仰

文化认同还包括了个体对于文化的价值观、信仰和道德观念的认同。这些价值观通常通过文化传统、宗教和家庭价值体系传递。

3. 传统和习惯

文化认同还涵盖了个体对于文化传统、节庆和习惯的认同。这些传统和习惯反映了文化的历史和身份。

4. 社会群体

文化认同通常与特定社会群体或族群的认同相关联。个体可能会将自己与特定的社会群体联系起来，从而形成文化认同。

文化认同对于个体和社会有着重要的作用：

1. 身份认同

文化认同有助于个体建立自己的身份认同。它反映了个体在社会中的位置和角色。

2. 社会凝聚力

文化认同有助于社会内部的凝聚力和团结。共享文化认同的个体通常更容易协作和共同努力。

3. 文化传承

文化认同促使个体传承和保护他们的文化遗产。这有助于维护文化的多样性和独特性。

（三）语言规范与文化认同的相互关系

语言规范与文化认同之间存在紧密的相互关系，它们互相塑造和反映彼此。以下是它们之间相互影响的几个方面：

1.语言规范反映文化认同

语言规范通常反映了特定文化的价值观、传统和社会结构。例如,某些语言规范可能强调尊卑关系和社会地位,这反映了相关文化的社会结构。

2.语言规范塑造文化认同

语言规范可以塑造个体和社群的文化认同。个体通常通过遵守特定语言规范来表达他们对文化的认同。例如,说同一种语言的个体可能会感到归属于相同的文化社群。

3.语言作为文化象征

语言本身常成为文化的象征和标志。特定的语言可以被视为一种文化的标志,它代表着该文化的特点和身份。因此,遵守特定语言规范成为表达文化认同的方式之一。

4.语言演变与文化变迁

语言规范的变化和演变通常反映了文化的变革。随着社会的发展和文化的变迁,语言规范可能需要适应新的现实,包括新的科技、社会运动和价值观。这种语言演变可以反映文化的进步和适应性。

5.多语言社会中的文化认同

在多语言社会中,个体可能会拥有多种语言认同。他们的文化认同可以根据不同语言和语境而有所不同。例如,一个人在家庭中使用一种语言,而在工作或学校中使用另一种语言,这可能会导致不同的文化认同。

(四)语言规范、文化认同对社会的影响

语言规范、文化认同和社会之间的互动对社会产生广泛的影响,这些影响体现在社会、教育、政治和经济层面:

1.社会认同和凝聚力

语言规范和文化认同的一致性有助于社会内部的凝聚力和团结。共享相同的语言规范和文化价值观的社群通常更容易合作和形成紧密的社会网络。

2.文化传承

语言规范的维护有助于文化传承。当个体遵守传统的语言规范时,它们有助于保持文化传统的连贯性,确保传统知识和价值观得以传递。

3.教育和社会机会

语言规范对于个体的教育和社会机会也具有重要影响。在一些社会中,

标准的语言规范通常被视为成功和社会地位的象征。因此，个体通常受益于掌握标准语言规范。

4. 政治和权力

语言规范与政治和权力紧密相关。在一些社会中，特定的语言规范可能被政府或统治阶层用作控制和统一社会的工具。反之，在一些政治运动中，语言规范也可以成为争取权力和自主性的象征。

5. 跨文化交流和合作

在全球化时代，语言规范和文化认同的多样性对于跨文化交流和合作至关重要。理解和尊重不同语言规范和文化认同有助于促进国际合作和文化交流。

语言规范与文化认同之间的紧密联系表明，语言不仅仅是信息传递的工具，还承载着文化传承和认同的重要角色。语言规范反映和塑造文化认同，同时文化认同也影响着个体和社群对语言规范的遵守。这种相互关系对社会的稳定、文化的传承以及个体的认同都具有深远的影响。

在多元文化社会中，理解和尊重不同的语言规范和文化认同是促进社会和谐、跨文化交流和全球合作的关键。语言规范和文化认同的多样性丰富了社会，为创新和文化交流提供了更多机会。因此，保护和促进多样性的语言规范和文化认同是维护文化多元性和社会和谐的重要任务。只有通过包容性的态度和跨文化的交流，我们才能更好地应对全球化时代的挑战，实现文化认同的和谐共存。

三、语言传播与文化传承

语言和文化是紧密相连的，它们相互交织，互相影响，共同塑造着人类社会的面貌。语言作为信息传递的工具，不仅仅用于交流，还承载着文化的传承和认同。以下将深入探讨语言传播与文化传承之间的密切联系，以及它们如何相互促进和推动文化的演变和发展。

（一）语言传播的概念与机制

语言传播是指语言系统通过社会和文化的互动方式传递给不同个体和社会群体的过程。它包括以下几个关键机制：

1. 口头传播

最常见的语言传播方式是口头传播,即通过口头语言交流。人们在日常生活中通过口头交流来传递信息、观点和价值观。

2. 书面传播

书面传播涵盖了书写、印刷和数字媒体等形式。书面语言的传播允许信息长期保存,并且能够被更广泛地传播和共享。

3. 媒体传播

媒体是一种重要的语言传播工具。广播、电视、互联网和社交媒体等媒体平台都可以传播语言信息,影响着社会的文化认同和价值观。

4. 社交传播

社交互动是一种重要的语言传播方式。人们在社交环境中通过对话、交往和分享来传递语言和文化信息。

语言传播的重要作用包括以下几个方面:

1. 信息传递

语言传播是信息传递的主要手段,它允许个体和社群在社会中交流知识、观点和经验。

2. 文化传承

语言传播有助于文化的传承。通过语言,文化的价值观、传统和故事能够代代相传。

3. 认同建构

语言传播塑造个体和社群的文化认同。语言是文化认同的表达方式,也是个体归属感的体现。

(二)文化传承的概念与重要性

文化传承是将一个社会或群体的文化价值、信仰、传统和知识传递给后代的过程。文化传承包括以下几个核心方面:

1. 传统和习惯

文化传承涵盖了社会的传统和习惯,这包括庆祝活动、仪式、食品制作和日常习惯等。

2. 价值观和信仰

文化传承还包括了社会的价值观念、宗教信仰和道德准则。这些价值观和信仰通常通过言传和行传的方式传递给后代。

3. 艺术和文学

文化传承包括了艺术作品、文学作品和音乐等文化创造物的传承。这些作品反映了社会的审美标准和创造力。

4. 知识和技能

文化传承还涵盖了社会的知识和技能，包括农业技术、手工艺和医学知识等。这些知识通常由前辈传授给后代。

文化传承对于社会和个体都具有重要作用：

1. 身份认同

文化传承有助于个体建立自己的身份认同。它们反映了个体在社会中的位置和角色。

2. 社会凝聚力

文化传承有助于社会内部的凝聚力和团结。共享文化传承的社群通常更容易协作和共同努力。

3. 文化多样性

文化传承促使不同社会的文化多样性得以保留。这有助于维护文化的多样性和独特性。

（三）语言传播与文化传承的相互关系

语言传播和文化传承之间存在紧密的相互关系，它们互相影响和塑造彼此。以下是它们之间相互影响的几个方面：

1. 语言作为文化的载体

语言是文化的主要传播和保存工具。通过语言，文化的价值观、传统和知识可以代代相传。语言中的词汇、成语和隐喻通常反映着文化的特点和历史。

2. 文化认同与语言使用

个体和社群通常通过使用特定的语言来表达他们的文化认同。语言不仅是文化认同的标志，也是个体归属感的表现。不同的社会群体可能会使用不同的语言或方言，这反映了他们的文化认同。

3. 语言传播促进文化传承

语言传播有助于文化的传承。通过语言，文化的传统、故事和知识可以传递给后代。口头传统、歌谣、神话和故事通常通过语言传播方式得以保存。

4. 文化传承塑造语言规范

文化传承对语言规范的形成和演变有着深远影响。特定的文化价值观和传统常常反映在语言的用法和语法结构中。因此，文化传承可以影响语言规范的制定和变化。

5. 多语言社会中的文化传承

在多语言社会中，文化传承通常涉及多种语言。个体可能会同时传承多种语言的文化价值观和传统，这种多语言文化传承丰富了社会的多样性。

第四节　文化差异的体现

一、跨文化沟通中的文化差异案例

在全球化的时代，跨文化沟通变得日益重要。不同文化之间的交流和互动不仅发生在国际政治和商业领域，也出现在我们日常生活的方方面面。然而，不同文化之间存在着各种各样的文化差异，这些差异可能导致误解、冲突和挫折。以下将探讨跨文化沟通中的文化差异，并通过案例分析展示这些差异对个体和组织的影响。

（一）文化差异的概念与类型

文化差异是指不同文化群体之间的思维方式、价值观、习惯和社会规范等方面的差异。这些差异可能影响人们在不同文化环境中的行为和沟通方式。以下是一些常见的文化差异类型：

1. 语言差异

不同文化之间的语言差异是最明显的差异之一。语言差异包括词汇、语法、发音和语言结构等方面的不同。例如，西方国家的一些语言强调直接表达，而亚洲国家的一些语言可能更加委婉和间接。

2. 价值观和信仰差异

不同文化之间存在着不同的价值观和宗教信仰。这些差异可能影响人们的道德观念、社会行为和决策方式。例如，一些文化重视个人主义和自由，而另一些文化更强调集体主义和家庭价值。

3. 社交礼仪和行为规范差异

不同文化之间的社交礼仪和行为规范也存在差异。举个例子，一些文化鼓励直接的目光接触，而另一些文化可能认为这是无礼的表现。

4. 时间观念差异

时间观念在不同文化之间存在差异。一些文化强调准时和时间效率，而另一些文化更注重灵活性和事件本身的重要性。

5. 沟通风格差异

不同文化之间的沟通风格也有所不同。一些文化倾向于直接表达方式，而另一些文化可能更倾向于委婉和间接的表达方式。

（二）文化差异案例分析

接下来，我们将通过一些实际案例来探讨文化差异在跨文化沟通中的体现和影响。

案例一：美国与日本的商务会议

在美国和日本这两个国家，商务会议是重要的沟通方式，但它们在文化差异方面有着显著不同。美国的商务会议通常注重效率和迅速做出决策，会议内容直接而简洁。与此不同，日本的商务会议通常更加正式，注重建立关系和共识。在日本，会议可能会进行漫长的讨论，以确保每个人都有机会表达自己的看法。

这种文化差异可能导致误解和沟通障碍。例如，一个美国商人可能会感到日本同事过于拖延，而一个日本商人可能会觉得美国同事太过急功近利。因此，在跨文化商务会议中，了解文化差异并采取适当的沟通策略至关重要。

案例二：西方与中东的谈判风格

在西方国家和中东国家之间的谈判风格也存在明显的文化差异。在西方国家，谈判通常是基于逻辑和法律框架进行的，强调事实和数据。与此不同，在中东国家，谈判通常更加人际化，注重建立信任和个人关系。中东文化强调尊重和礼貌，可能会采取更间接的方式来达成协议。

这种文化差异可能导致在跨文化谈判中的挫折。例如，在一个西方谈判中，中东谈判者可能会感到西方谈判者过于直接和不够尊重。相反，在一个中东谈判中，西方谈判者可能会觉得中东谈判者过于含糊和模糊。

案例三：西方与亚洲的团队合作

团队合作是跨文化工作环境中的常见挑战之一。在西方国家，团队合作通常强调个人的独立性和主动性。每个团队成员被期望在团队中发挥自己的能力，并提供独特的贡献。与此不同，在亚洲文化中，团队合作通常强调集体主义和团队的和谐。个人可能会更多地强调团队的利益，而不是个人的成就。

这种文化差异可能导致跨文化团队中的沟通和协作问题。例如，在一个跨文化团队中，西方成员可能会感到亚洲成员过于保守和不够主动，而亚洲成员可能会觉得西方成员过于以自我为中心和不够关心团队整体。因此，了解文化差异并采取适当的团队合作策略对于成功的团队工作至关重要。

案例四：墨西哥与加拿大的社交互动

社交互动在不同文化之间也存在着明显的差异。例如，墨西哥和加拿大是两个拥有不同社交文化的国家。在墨西哥，社交互动通常更加亲密和热情。人们通常会用拥抱、亲吻和握手来表示友好。与此相反，在加拿大，社交互动通常更加保守和注重个人空间，人们通常会保持一定的距离。

这种文化差异可能导致在跨文化社交互动中的不适和误解。例如，一个墨西哥人可能会感到加拿大人冷漠和不友好，而一个加拿大人可能会觉得墨西哥人过于亲密和侵犯个人空间。

（三）文化差异的影响与应对策略

文化差异在跨文化沟通中产生的影响是多方面的，包括个体行为、组织绩效和国际关系。以下是一些文化差异产生的影响以及应对策略：

1. 个体行为

文化差异可能导致个体的沟通障碍和不适感。为了应对这种情况，个体需增强文化敏感性，学习了解不同文化的价值观和行为规范。培养开放的心态和尊重不同文化的意识也是重要的。

2. 组织绩效

文化差异可能对组织绩效产生直接影响。在跨国公司中，不同文化的团队需要合作，如果不处理好文化差异，可能会导致合作困难和冲突。组织可以提供跨文化培训，帮助员工了解和应对文化差异，以提高团队的绩效。

3. 国际关系

国际政治和外交关系中的文化差异也具有重要影响。文化差异可能导致国际冲突和误解。国际政治和外交决策者需要考虑文化因素，采取适当的策略来促进跨文化理解和合作。

跨文化沟通中的文化差异是不可避免的，但它们并不一定导致问题或冲突。通过了解、尊重和适应不同文化的差异，个体和组织可以更好地应对跨文化环境中的挑战。文化差异丰富了我们的世界，为跨文化交流和合作提供了更多的机会，同时也提醒我们重视文化多样性并共同建设一个更加包容和理解的全球社会。

二、文化差异对语言的具体影响

文化差异对语言有着深远而复杂的影响。语言不仅是信息传递的工具，它还承载了文化、价值观和社会结构等方面的信息。因此，当不同文化之间产生联系或交流时，语言会受到文化差异的显著影响。以下将探讨文化差异对语言的具体影响，包括词汇、语法、语言习惯、礼仪和沟通风格等方面。

（一）词汇

1. 词汇的丰富度和多样性

不同文化之间的词汇丰富度和多样性存在明显差异。一些文化可能有更多的词汇来描述特定的概念、情感或经验，而其他文化可能会缺乏这些词汇。例如，日本文化中有许多专门用来描述不同类型的美食和饮料的词汇，反映了该文化对食物的重视。相比之下，在某些西方文化中，对这些细节可能不那么关注。

2. 文化特定的词汇

某些词汇只存在于特定文化中，因为它们与该文化的历史、传统或价值观密切相关。例如，日本有一个词汇叫作"和谐"（wa），用来描述社会中人与人之间的和睦关系和协作精神，这是日本文化中非常重要的概念。这种文化特定的词汇在其他文化中可能没有明确的等价词汇。

3.翻译和意识形态的挑战

文化差异还会导致词汇的翻译和解释上的挑战。有些词汇在不同文化中可能没有完全等价的对应词汇,这就需要翻译者进行适当的解释和调整,以使信息得以准确传达。此外,一些词汇可能携带特定的意识形态或文化价值观,翻译时可能需要注意不引入文化误解或歧义。

(二)语法

1.语法结构

不同文化的语言通常具有不同的语法结构。例如,某些语言使用主语-动词-宾语(SVO)的语法结构,而其他语言可能使用主语-宾语-动词(SOV)或其他结构。这种语法差异会影响句子的构建方式和信息传达的顺序。

2.虚拟语气和礼貌用语

一些文化中,语法结构可能用于表达虚拟语气或礼貌。例如,法语中有一种叫作"条件式"的语法形式,用来表达虚拟的假设情况。在某些亚洲文化中,使用不同的敬语和礼貌用语来表示尊重和社交地位差异。

(三)语言习惯

1.礼仪和尊重

不同文化的语言习惯中体现了对礼仪和尊重的不同看法。一些文化中,人们可能更倾向于使用礼貌用语、避免直接表达意见,以示尊重。而在其他文化中,直接而坦诚的沟通可能更受欢迎。例如,日本文化中的"敬语"是一种非常重要的语言习惯,用于表示尊重和社会地位的差异。

2.非语言沟通

文化差异也体现在非语言沟通方面,如肢体语言、面部表情和眼神接触。一些文化可能更注重这些非语言信号,而其他文化则可能更侧重于言语本身。这可能导致在跨文化交流中产生误解或混淆。

(四)沟通风格

1.直接与间接

不同文化的沟通风格可能是直接的或是间接的。直接沟通通常意味着明确表达意见和需求,而间接沟通可能更侧重于暗示和非言辞的信息。例如,一些西方文化倾向于直接表达意见,而亚洲文化可能更倾向于间接沟通,以避免冲突和尊重他人。

2. 高低语境

一些文化被描述为高语境文化，意味着信息通常是隐含的，需要依赖上下文和非言语因素来理解。而低语境文化更侧重于明确的言辞表达。这种差异可能导致在交流中的误解和困惑。

3. 语气和情感表达

不同文化对于语气和情感表达的看法也不同。一些文化可能更开放地表达情感，而其他文化可能更加保守或内敛。这会影响到如何处理冲突、表达喜怒哀乐以及与他人建立情感联系。

总之，文化差异对语言的影响是多方面的，涵盖了词汇、语法、语言习惯、礼仪和沟通风格等多个方面。这些影响不仅仅是表面的语言现象，更是反映了不同文化背景下的思维方式、价值观和社会结构等深层次因素。

三、文化差异的意识与调适

在今天的全球化世界中，文化差异已经成为我们日常生活和工作中不可避免的现实。不同文化之间的交往和合作不仅可以丰富我们的经验，还可以促进商业、政治和社会领域的发展。然而，文化差异也可能导致误解、冲突和沟通困难。因此，理解文化差异、意识到其存在以及学会调适成为至关重要的技能。以下将深入探讨文化差异的意识与调适，以及如何在跨文化环境中更好地交往和合作。

（一）文化差异的意识

文化差异的意识是指个体能够认识到不同文化之间存在的差异，并意识到这些差异可能影响到我们的行为、价值观和期望。以下是一些关于文化差异意识的关键观点：

1. 理解文化是动态的

首先，人们应该明白文化是动态的，而不是静态的。文化不断演变和变化，受到历史、社会和经济因素的影响。因此，文化并不是一个固定的概念，而是一个多维度的、复杂的系统。

2. 认识自身文化背景

要意识到文化差异，首先需要了解自己的文化背景。个体应该反思自己所属的文化，包括价值观、信仰、传统、语言和社会规范等方面。这有助于个体更好地理解自己的行为和看法是如何受到文化影响的。

3. 接触不同文化

主动接触不同文化是提高文化差异意识的有效方式。这可以通过旅行、与不同背景的人交往、阅读文化相关的书籍和文章等途径来实现。通过亲身体验不同文化，个体可以更好地理解和欣赏多样性。

4. 学习文化差异的基础知识

学习文化差异的基础知识包括了解不同文化的历史、宗教、礼仪、习惯、沟通风格和价值观等方面。这些知识可以帮助个体更好地理解文化差异的根本原因。

5. 培养跨文化敏感性

跨文化敏感性是一种感知、理解和尊重不同文化的能力。它包括对多元文化的敬重，以及能够在跨文化环境中灵活、包容地行事的能力。个体可以通过交流和合作的经验来培养这种敏感性。

（二）文化差异的调适

文化差异的调适是指个体能够根据不同文化背景的要求和期望来调整自己的行为和沟通方式。以下是一些关于文化差异调适的关键观点：

1. 尊重和开放的态度

文化差异的调适始于尊重和开放的态度。个体应该尊重不同文化的价值观和习惯，不将自己的文化观点强加于他人。开放的态度意味着愿意学习和了解不同文化，而不是刻意排斥或歧视。

2. 灵活性和适应能力

个体需要具备灵活性和适应能力，以适应不同文化的需求。这包括在言语、行为和沟通风格上的适应。例如，在一些文化中，直接表达意见被视为坦诚，而在其他文化中可能会被视为粗鲁。个体应该能够根据情境和对方的期望来调整自己的沟通方式。

3. 学习语言和沟通技巧

如果要在跨文化环境中成功交往，学习其他文化的语言和沟通技巧是至关重要的。语言是文化的一部分，通过学习其他语言，个体可以更好地理解文化差异并建立更深层次的联系。

4. 处理冲突和误解

在跨文化交流中，冲突和误解是难以避免的。个体需要具备处理这些问题的能力，而不是回避或加剧它们。这包括倾听对方的观点、提出解决问题的建议和寻求妥协的能力。

5. 文化多样性的团队合作

在跨文化团队中工作时，团队成员需要协同合作，充分利用不同文化背景的优势。这要求团队成员能够相互理解、协调工作和解决潜在的文化差异引起的问题。

6. 自我反思和学习

跨文化环境中的每一次经验都是一个学习机会。个体应该进行自我反思，回顾自己的行为和沟通，了解哪些方面需要改进，以及如何更好地适应不同文化的要求。这种反思和学习过程有助于个体不断提高文化差异的调适能力。

7. 寻求指导和支持

如果个体在跨文化环境中遇到挑战，他们可以寻求指导和支持。这可以包括咨询文化专家、导师或具有跨文化经验的同事。这些资源可以提供宝贵的建议和指导，帮助个体更好地适应文化差异。

总之，文化差异的意识与调适是在今天的全球化社会中至关重要的技能。个体应该努力理解不同文化之间的差异，尊重并欣赏文化多样性，同时学会在跨文化环境中灵活调适自己的行为和沟通方式。这不仅有助于避免误解和冲突，还能够促进更有效的跨文化交流和合作。通过培养文化差异的意识与调适能力，个体可以更好地适应多元文化的世界，提高个人和团队的绩效，促进全球化社会的发展和繁荣。

第五节　跨文化沟通的挑战

一、语言与文化不匹配的问题

语言与文化之间的关系是一个复杂而深刻的话题，涉及人类社会和交流的方方面面。语言是文化的一部分，同时也反映了文化的特点。然而，在现实生活中，我们常会遇到语言与文化不匹配的情况。这种不匹配可能会导致误解、冲突、文化冲突，甚至有时会引发更严重的社会问题。以下将深入探讨语言与文化不匹配的问题，分析其原因、影响和解决方法。

（一）语言与文化的密切关系

1. 语言是文化的表达形式

语言不仅是交流的工具，还是文化的表达形式之一。每种语言都包含着其所属文化的价值观、传统、历史和思维方式。通过语言，人们传递着文化的信息、故事和认知。例如，中文中的许多成语和俗语都反映了中国文化的哲学和价值观，如"一箭双雕"和"纸上谈兵"。

2. 语言塑造文化

语言不仅反映文化，还在一定程度上塑造文化。不同语言中的词汇和语法结构可以影响人们的思考方式和行为习惯。例如，一些语言可能强调礼貌和尊重，而另一些语言可能更加直接和直接。这种差异可以导致文化间的交流障碍。

3. 语言反映社会地位和身份

语言也与社会地位和身份密切相关。某些语言或方言可能与特定社会群体或阶层相关联，反映出社会的不平等和分层。这种现象在很多社会中都存在，包括英语中的不同口音和方言、印度的种姓制度等。

（二）语言与文化不匹配的原因

尽管语言与文化密切相关，但语言与文化不匹配的问题仍然普遍存在。这种不匹配可能源于多种原因：

1. 跨文化误解

不同文化之间的差异可能导致误解。一个词语在一种文化中可能具有特定的含义,但在另一种文化中可能被误解或产生不同的联想。例如,英语中的"gift"在大多数情况下表示礼物,但在德语中,"gift"意为毒药。

2. 文化差异的表达方式

不同文化有不同的表达方式和沟通风格。一些文化可能更加直接,而另一些文化则更倾向于含蓄和委婉的表达方式。当人们在不同文化背景下交流时,这种差异可能导致误解和冲突。

3. 礼仪和礼貌规范

礼仪和礼貌规范在不同文化中也有很大的差异。例如,在一些文化中,直接提问某人的年龄是不礼貌的,而在其他文化中可能是寻常之事。因此,不了解文化的礼仪规范可能导致尴尬或冲突。

4. 文化的社会价值观

文化的社会价值观在语言中得到了体现。例如,一些文化强调个人主义和自由,而另一些文化强调集体责任和共同体意识。这种价值观的差异可能导致在语言交流中产生冲突。

5. 语言的权力结构

一些社会中存在语言的权力结构,其中某种语言被视为高于其他语言。这种不平等可能导致在语言使用和交流中的不公平对待,使一些人处于劣势地位。

(三)语言与文化不匹配的影响

语言与文化不匹配的问题可能会产生广泛的影响,包括但不限于以下几个方面:

1. 误解和冲突

语言与文化不匹配可能导致误解和冲突。当人们无法正确理解对方的言辞或行为时,可能会产生不满、不信任或甚至敌意。这种情况在国际关系、跨文化婚姻和商务交流中尤为常见。

2. 社交隔离

语言与文化不匹配也可能导致社交隔离。如果一个人无法适应特定文化的语言和习惯,他或她可能会感到孤立和被排斥。这可能会影响个体的心理健康和社会融入。

3. 文化冲突

语言与文化不匹配有时会引发文化冲突。这种冲突可能涉及宗教、价值观、传统习俗等方面的争议。文化冲突可能导致社会动荡和不稳定。

4. 文化失传

在某些情况下，语言与文化不匹配可能导致文化失传。如果某种语言不再被使用或传承下去，与之关联的文化元素和传统也可能逐渐消失。这种情况在少数民族和地区性文化中尤为突出。

5. 社会不平等

语言与文化不匹配也可能导致社会不平等。一些人可能因为其母语不是主要语言而面临就业机会的限制，教育资源的不足，以及其他社会机会的不平等。这种不平等可能加剧社会分化。

6. 跨文化合作的挑战

在全球化时代，跨文化合作变得越来越常见。然而，语言与文化不匹配可能成为合作伙伴之间的障碍，妨碍了国际贸易、政治外交、国际合作项目等领域的进展。

（四）解决语言与文化不匹配的方法

尽管语言与文化不匹配可能是一个复杂的问题，但存在多种方法来解决或减轻这种不匹配的影响：

1. 跨文化教育和培训

提供跨文化教育和培训是解决语言与文化不匹配的关键。这种培训可以帮助个体了解不同文化的价值观、沟通风格和礼仪规范，从而提高跨文化交流的效果。

2. 多语言教育

多语言教育可以促进跨文化交流。在教育系统中，鼓励学生学习多种语言，可以增加他们的文化敏感性，减少语言障碍。

3. 使用翻译和口译服务

在跨文化交流中，使用翻译和口译服务可以帮助消除语言障碍。这种服务可以确保信息准确传达，并避免误解。

4.跨文化媒体和文化交流

推广跨文化媒体和文化交流活动有助于提高人们对不同文化的理解和尊重，这包括文化节庆、电影、音乐、文化展览等。

5.打破语言权力结构

社会中的语言权力结构应该得到审视和打破。政府和教育机构可以采取措施，确保所有语言都能得到平等对待，并提供机会让不同语言社群发声。

6.促进文化多元化

鼓励文化多元化有助于减轻语言与文化不匹配的问题。社会应该欣赏并尊重不同文化，为各种文化元素提供发展和传承的机会。

语言与文化之间的关系是一个复杂而多层次的问题，涉及人类社会和交流的各个方面。语言是文化的一部分，同时也反映了文化的特点。然而，语言与文化不匹配的问题仍然存在，并且可能导致误解、冲突、文化冲突以及社会不平等。通过跨文化教育、多语言教育、翻译服务、文化交流等方法，我们可以减轻这种不匹配的影响，促进跨文化理解和合作，从而建设更加和谐和多元化的社会。在全球化时代，解决语言与文化不匹配的问题具有重要意义，有助于促进文化多元化和社会稳定。

二、文化误解与冲突

文化误解与冲突是人类社会中常见的现象，它们涉及不同文化之间的交流和互动。随着全球化的不断发展，文化差异和文化冲突问题也日益显著。以下将深入探讨文化误解与冲突的根本原因、对社会的影响，以及可能的解决方法。

（一）文化误解的原因

文化误解是由于不同文化之间的差异和交流不畅而引起的。以下是导致文化误解的主要原因：

1.语言障碍

语言是文化的一部分，不同文化使用不同的语言或方言，可能会导致沟通障碍。即使使用相同的语言，不同文化背景的人也可能在词汇、发音、口音和语法上有差异，导致误解。

2. 礼仪和文化差异

不同文化有不同的礼仪和社交规则。一些文化可能注重礼貌和形式，而其他文化则可能更注重直接和坦率。当人们不了解或不尊重其他文化的礼仪规范时，可能会引发误解。

3. 文化价值观的差异

每种文化都有其独特的价值观和信仰体系。这些价值观可以涵盖宗教、道德、家庭结构、社会关系等方面。当不同文化的价值观相冲突或不理解时，可能会导致文化误解。

4. 文化刻板印象和偏见

文化刻板印象和偏见是文化误解的另一个原因。当个体基于刻板印象或偏见对其他文化进行评价时，可能会导致对该文化的误解和误判。

5. 社会化和教育差异

个体的社会化和教育经历也会影响他们对其他文化的理解和看法。教育系统和社会化过程可以传递文化价值观和信仰，而不同文化的教育系统和社会化过程可能产生差异，导致文化误解。

6. 文化冲突的历史背景

某些文化误解可能根植于历史上的冲突和争端。过去的文化冲突可能会留下持久的影响，使不同文化之间的互信程度降低。

（二）文化冲突的原因

文化冲突是文化误解的进一步恶化，可能导致争端、冲突和敌对行为。以下是导致文化冲突的主要原因：

1. 价值观和信仰的冲突

文化冲突通常与不同文化的价值观和信仰体系之间的冲突有关。宗教、伦理和道德问题常是文化冲突的焦点，因为它们涉及个体和社会的核心价值观。

2. 竞争资源

资源竞争是文化冲突的常见原因之一。资源包括土地、水源、贸易机会等。不同文化群体之间对有限资源的争夺可能导致冲突。

3. 领土和边界争端

领土和边界争端也常引发文化冲突。不同文化群体之间的领土争夺可能导致紧张局势和冲突爆发。

4. 文化自豪感和认同

文化自豪感和认同是文化冲突的重要因素。当文化认同受到威胁或侮辱时，可能引发激烈的反应和冲突。

5. 社会不平等和歧视

社会不平等和歧视问题也可能导致文化冲突。当一群人感到受到不公平待遇或歧视时，可能会采取行动来维护自己的权益，这可能导致与其他文化群体的冲突。

6. 政治和领导层的利用

政治领导层有时会利用文化差异来分裂社会，转移注意力或巩固自己的权力。这种政治利用可能导致文化冲突的升级。

（三）文化误解与冲突的影响

文化误解与冲突可能对个体和社会产生广泛的影响，包括但不限于以下几个方面：

1. 社会分裂和不稳定

文化误解与冲突可能导致社会分裂和不稳定。社会中的敌对情绪和冲突可能分裂社会群体，破坏社会和谐与稳定。

2. 损害人际关系

文化误解和冲突可能损害个体和群体之间的人际关系。争端和冲突可能导致亲友关系的破裂，甚至可能导致暴力事件。

3. 经济影响

文化冲突可能对经济产生负面影响。冲突和社会不稳定通常会影响投资、商业活动和国际贸易。这可能导致经济衰退、失业率上升以及资源浪费。

4. 人权侵犯

文化冲突有时会伴随着人权侵犯。在冲突中，个体的生命和尊严可能受到威胁，包括暴力行为、逮捕和拷打等。

5. 文化多样性的丧失

文化冲突可能导致文化多样性的丧失。在冲突中，文化元素、传统和语言可能受到损害或失传。这对文化遗产和多样性构成威胁。

6. 心理健康问题

文化误解与冲突可能对个体的心理健康产生负面影响。亲历冲突的人可能会患上创伤后应激障碍、焦虑症、抑郁症等心理健康问题。

7. 难民和流离失所

文化冲突可能导致大规模的人口流动，包括难民和流离失所者。这些人可能不得不逃离家园，寻找安全和庇护，这对他们的生活产生了巨大的影响。

（四）解决文化误解与冲突的方法

解决文化误解与冲突是一个复杂的任务，但可以采取多种方法来减轻其影响并促进和平与理解：

1. 跨文化教育和意识提高

跨文化教育可以帮助个体了解不同文化之间的差异，提高文化敏感性。教育和意识提高活动可以减少文化误解的发生。

2. 促进对话与交流

鼓励不同文化群体之间的对话和交流是解决文化冲突的关键。通过开放的对话平台，人们可以分享观点、理解对方的立场，并共同探讨解决问题的途径。

3. 促进文化多元化

社会应该积极促进文化多元化，鼓励不同文化群体在社会、政治、经济等方面的参与。这可以通过政策、法律和倡导来实现。

4. 媒体教育和反偏见宣传

媒体在塑造公众意识和看法方面起着关键作用。媒体教育和反偏见宣传可以帮助减少刻板印象和偏见，促进文化理解。

5. 外交和冲突解决机构的作用

国际外交和冲突解决机构可以发挥关键作用，通过谈判、调解和外交手段来解决文化冲突。

6. 社区参与和基层工作

社区层面的参与和基层工作对解决文化冲突至关重要。社区领袖和组织可以在调解冲突、促进和解和社区和谐方面发挥作用。

7. 法治和法律制度

法治和法律制度可以帮助解决文化冲突，确保公平和正义。法律应保护每个人的权益，无论其文化背景如何。

文化误解与冲突是人类社会中不可避免的问题，但可以通过教育、对话、多元化、媒体宣传和外交等方法来减轻其影响。解决文化误解与冲突不仅有助于促进和平与稳定，还可以保护人权、维护社会和谐和促进文化多样性的传承。通过共同努力，我们可以更好地理解和尊重不同文化，建设一个更加公正和包容的社会。

三、文化敏感性的培养与发展

文化是人类社会的重要组成部分，它涵盖了价值观、习俗、传统、信仰和行为方式等多个方面。在全球化的时代，文化差异和交流变得愈发突出，因此，培养和发展文化敏感性变得至关重要。文化敏感性指的是对不同文化的理解、尊重和接纳，以及在跨文化交流中具备敏感性和适应性。以下将深入探讨文化敏感性的定义、重要性，以及培养和发展文化敏感性的方法。

（一）文化敏感性的定义和重要性

1. 文化敏感性的定义

文化敏感性是指个体或组织具备对不同文化的理解、尊重和接纳能力，以及能够在跨文化环境中进行有效沟通和互动的能力。文化敏感性包括对文化差异的认识，以及避免刻板印象和偏见的能力。它还涵盖了与不同文化群体建立积极关系和合作的技能。

2. 文化敏感性的重要性

文化敏感性在当今社会具有极大的重要性，因为它涉及以下几个方面的益处：

（1）跨文化交流：文化敏感性有助于个体在跨文化环境中更好地理解和被理解。它促进了国际合作、商务交往和外交关系的发展。

（2）减少误解与冲突：文化敏感性有助于减少文化误解和文化冲突的发生。它可以帮助个体更好地理解不同文化背景的人的行为和观点，减少误解和紧张局势。

（3）增强社会和谐：文化敏感性有助于建立更具包容性和多元化的社会。它可以促进不同文化群体之间的和谐共处，减少社会分裂和紧张局势。

（4）促进创新和发展：文化敏感性可以促进创新和发展。不同文化的交流和融合可以带来新的思维方式、观念和解决问题的方法，推动社会的进步。

（5）人际关系与职业发展：文化敏感性对于个人的人际关系和职业发展也非常关键。具备文化敏感性的个体更容易建立良好的人际关系，同时在国际职场中具备竞争力。

（二）培养文化敏感性的方法

培养和发展文化敏感性是一个长期的过程，需要积极的努力和自我反思。以下是一些培养文化敏感性的方法：

1. 自我反思与自我认识

文化敏感性的培养始于自我反思与自我认识。个体需要了解自己的文化背景、价值观、信仰和偏见，以及这些因素如何影响他们的思考和行为。通过反思自己的文化认同，个体可以更好地理解其他文化。

2. 学习和研究

学习和研究不同文化是培养文化敏感性的重要步骤。这可以包括阅读有关其他文化的书籍、观看纪录片、参与文化交流活动等。了解其他文化的历史、传统、习俗和价值观可以帮助个体更好地理解并尊重它们。

3. 跨文化交流

参与跨文化交流是培养文化敏感性的有效途径。这可以包括与不同文化背景的人建立友好关系、参加国际活动、旅行、学习外语等。通过与不同文化的人交往，个体可以更深入地理解他们的观点和习惯。

4. 尊重和尊重差异

文化敏感性包括对文化差异的尊重。个体应该尊重其他文化的习俗、信仰和价值观，避免贬低或歧视不同文化。尊重差异是建立积极跨文化关系的关键。

5. 倾听和沟通

倾听和有效沟通是培养文化敏感性的重要技能。个体应该学会倾听他人的观点，避免假设和刻板印象。积极的跨文化沟通可以帮助个体更好地理解他人，并建立良好的关系。

6. 接受挑战与舒适区外的经验

培养文化敏感性可能需要个体走出舒适区,接受挑战性的经验。这可以包括参与文化交流项目、学习新的语言、居住在不同文化的社区中等。通过面对挑战,个体可以成长并提高文化敏感性。

7. 积极参与社区和组织

积极参与社区和组织是培养文化敏感性的一种方式。加入多元文化的组织、志愿者工作、参与文化庆典和活动,可以使个体更深入地体验不同文化,并与不同文化的人建立联系。

8. 跨文化培训和教育

跨文化培训和教育课程可以帮助个体获得文化敏感性的技能和知识。这些课程通常包括跨文化沟通、文化冲突解决、多元文化管理等方面的内容。

9. 探索自己的文化身份

了解自己的文化身份也是培养文化敏感性的一部分。个体应该探索自己的文化根源,了解自己所属文化的历史和传统。这有助于更好地理解其他文化,同时也提高了对自身文化的尊重。

10. 持续学习和成长

文化敏感性是一个持续学习和成长的过程。个体应该不断更新自己的知识,了解文化变化和发展的趋势。随着时间的推移,文化敏感性可以不断提高和发展。

(三) 文化敏感性的应用领域

文化敏感性不仅在个人生活中有价值,还在各个领域具有广泛的应用,包括但不限于以下几个方面:

1. 跨文化交际

在国际关系、商务、外交等领域,文化敏感性是成功交际的关键。具备文化敏感性的个体更容易建立信任和合作关系。

2. 教育

在教育领域,文化敏感性有助于教师更好地理解和满足不同文化背景学生的需求。它还有助于创建多元文化教育环境。

3. 医疗保健

医疗保健专业人员需要与不同文化背景的患者进行有效的沟通,以提供适当的医疗护理。文化敏感性可以帮助医护人员更好地理解患者的信仰和习惯。

4. 商业和管理

在全球化的商业环境中，文化敏感性对于管理多元文化的团队和满足不同市场需求至关重要。它有助于避免文化误解，提高企业的竞争力。

5. 政府和公共政策

政府需要考虑到不同文化群体的需求和观点，以制定有效的公共政策。文化敏感性可以帮助政府更好地理解社会多元性。

6. 社会工作

社会工作者需要与不同背景的客户进行工作，文化敏感性可以帮助他们更好地理解客户的需求和情况。

7. 媒体和传媒

媒体在塑造公众意识和看法方面具有重要作用，文化敏感性可以帮助媒体制作更加多元化和包容的内容。

文化敏感性是当今社会中不可或缺的重要技能和素质。它有助于促进跨文化交流、减少文化误解和文化冲突、建立多元文化社会，同时也在各个领域具有广泛的应用。个体和组织应该积极培养和发展文化敏感性，以促进更加包容、和谐和繁荣的社会。通过不断学习和实践，我们可以更好地理解和尊重不同文化，建立积极的跨文化关系，推动社会的进步和发展。

第三章 跨文化交际中的语言变化

第一节 语言变化的概念

一、语言演变与语言变化

语言是人类社会交流的基本工具，它不仅反映了人类思维和文化的发展，还随着时间的推移不断演变和变化。语言演变与语言变化是语言学领域的两个重要概念，它们涉及语言的历史、结构、功能以及社会背景等多个方面。以下将深入探讨语言演变与语言变化的概念、原因、类型以及影响，旨在帮助读者更好地理解语言的动态性和多样性。

（一）语言演变与语言变化的概念

1. 语言演变的概念

语言演变是指语言在长时间内发生的系统性、有规律的变化过程。这种演变可以涉及语音、语法、词汇和语用等多个层面。语言演变通常是渐进性的，不是一夜之间发生的，而是通过代际传承和交流逐渐形成的。语言演变是语言变化的更广泛范畴，包括了所有与语言有关的演变过程。

2. 语言变化的概念

语言变化是语言演变的一个子集，它指的是语言中的具体变化现象。这些变化可以包括音位、词汇、语法、句法和语用等方面的改变。语言变化是一种内在的语言现象，通常由社会和文化因素推动。它可以是同化、借词、构词、语法化等形式，反映了语言在不同层面上的适应和发展。

（二）语言演变与语言变化的原因

1. 社会因素

社会因素在语言演变和语言变化中起着重要作用。社会变革、阶级关系、群体迁移、媒体传播等社会因素都可以影响语言的演变和变化。例如，一国的政治统一或分裂可以导致语言的合并或分化，不同社会群体之间的接触和互动也会导致词汇和语法的交流和变化。

2. 文化因素

文化因素也是语言演变和语言变化的重要驱动力。文化的发展和转变会影响到语言的表达方式、词汇选择以及语法结构。举例来说，新技术的出现和文化趋势的变化可能导致新词汇的创造和传播，从而影响语言的发展。

3. 语言内部因素

语言内部因素包括语音、语法和词汇等语言层面的特点。语言演变和变化往往受到语音演化、语法重构和词汇创新等内部机制的影响。例如，语音的变化可能导致音位的演变，而语法的调整可能导致语法结构的变化。

（三）语言演变与语言变化的类型

1. 音变

音变是语言演变中常见的类型，它涉及语音的变化。音变可以包括辅音的演变、元音的演变、音节结构的变化等。例如，拉丁语中的"c"发展成了不同的音位，分化为西班牙语的"θ"和法语的"ʃ"，这是一个音变的例子。

2. 词汇变化

词汇变化是指语言中词汇的新增、丧失、合并或分化等变化。这种变化通常受到社会文化和历史事件的影响。例如，英语中的"thou"和"ye"已经不再使用，而"you"成为通用的第二人称代词，这是词汇变化的一个例子。

3. 语法变化

语法变化包括句法结构、语法规则和语法范畴的变化。语法变化通常是比较缓慢和渐进的，但它们可以对语言的表达能力产生深远的影响。例如，古英语中的名词变格系统已经消失，被固定的词序和冠词使用所取代，这是语法变化的一个例子。

4. 语用变化

语用变化涉及语言在不同情境中的使用方式和含义的变化。社会和文化的变化可能导致语言中的礼貌用语、称呼方式以及口头禅的改变。例如，过去使用"您好"可能会被新一代人用"嗨"或"你好"所替代，这是语用变化的例子。

（四）语言演变与语言变化的影响

1. 语言多样性

语言演变和语言变化导致了丰富的语言多样性。不同地区、不同社会群体以及不同历史时期的语言可能呈现出不同的特征，包括发音、词汇、语法和语用。这种多样性反映了人类社会的复杂性和多样性。

2 语言交流的适应性

语言演变和变化使语言更适应不同的社会和文化需求。随着时间的推移，语言不断地调整和改变，以满足人们在不同情境下的交流需要。这种适应性使语言成为一种强大的工具，能够有效地传达思想、表达情感和传播信息。

3. 文化传承

语言演变和变化也反映了文化的传承和演化。通过语言，文化传统、价值观念和历史故事得以传递给下一代。随着语言的变化，文化元素也会得到更新和调整，以适应时代的需求。

4. 社会认同

语言演变和变化与社会认同密切相关。人们通常使用特定的方言或语言变体来表达自己的社会身份和归属感。因此，语言的演变和变化可以影响个体和社会群体的认同感和社会地位。

5. 语言研究

语言演变和变化也为语言学家和研究人员提供了丰富的研究材料。通过研究语言的演变和变化，我们可以了解语言的历史、结构和功能。这有助于深入理解语言学的各个领域，包括语音学、语法学、语义学和社会语言学。

（五）总结与展望

语言演变与语言变化是语言学领域的重要主题，涵盖了广泛的概念、原因、类型和影响。语言是一个动态的系统，不断适应着社会、文化和个体的变化。理解语言演变和变化有助于我们更好地掌握语言的本质，同时也为语言研究和语言教育提供了宝贵的资源。

未来，随着全球化和技术发展的进一步推进，语言演变和变化可能会加速。新的社会因素、文化趋势和技术创新将继续塑造语言的面貌。因此，语言学家和研究人员需要持续关注语言的动态变化，以便更好地理解和应对这一不断演化的工具。

总之，语言演变与语言变化是语言学领域的重要议题，它们反映了语言的动态性和多样性。通过深入研究语言的演变和变化，我们可以更好地理解语言的本质，同时也为语言教育、文化传承和社会认同提供了有益的见解。我们应该珍惜和保护语言的多样性，同时也应该积极参与和推动语言的演变和发展，以适应不断变化的社会和文化需求。

二、跨文化交际中的语言变化研究方法

跨文化交际是当今全球化时代中的一个重要议题。在这个信息流通自由、文化交融日益深入的时代，不同文化间的交际变得更加频繁和复杂。语言作为跨文化交际的核心工具，在不同文化间发生着重大的变化。以下将探讨跨文化交际中语言变化的研究方法，以及这些方法在解释和理解跨文化交际中的语言变化方面的重要性。

（一）跨文化交际中的语言变化研究方法

1. 语言比较分析

语言比较分析是研究不同文化间语言变化的一种常见方法。研究者可以比较不同文化中的语音、词汇、语法等方面的差异。例如，研究中可以比较英语和汉语中的礼貌用语的差异，或者比较不同文化中的谚语和成语的使用。语言比较分析可以帮助研究者了解不同文化中的语言差异，并解释这些差异的文化背景和历史原因。

2. 社会语言学调查

社会语言学调查是一种通过采访和调查来收集语言数据的方法。研究者可以选择不同文化中的人群，了解他们的语言使用习惯、口音、词汇选择等方面的差异。这种方法可以帮助研究者深入了解不同文化中的语言变化，并

探讨这些变化与社会因素的关系。

3. 语言地理学研究

语言地理学研究是研究地理位置与语言变化之间关系的领域。通过分析不同地区的语言使用情况，研究者可以揭示语言变化与地理位置、迁移和接触的关系。例如，可以研究在不同地理位置的中文方言之间的差异，或者在不同国家的英语口音变化。

4. 语用学分析

语用学分析是研究语言在交际中使用的规则和原则的学科。在跨文化交际中，语用学分析可以帮助研究者理解不同文化中的言语行为和交际策略。研究者可以比较不同文化中的礼貌用语、指示语、表达感情的方式等，以揭示语用学方面的差异。

5. 访谈和问卷调查

访谈和问卷调查是收集跨文化交际数据的常见方法。研究者可以通过与不同文化的人进行访谈或发放问卷来了解他们的语言使用和交际习惯。这种方法可以提供个体层面的数据，帮助研究者了解跨文化交际中的语言变化与个体经验的关系。

（二）研究方法的重要性和应用

1. 研究方法的重要性

研究跨文化交际中的语言变化具有重要意义。首先，它有助于增进不同文化间的相互理解。通过深入研究语言变化，可以帮助人们更好地理解其他文化的语言和交际习惯，减少误解和冲突。其次，研究方法可以揭示文化变化和演化的趋势，有助于预测未来的语言发展。最后，研究跨文化交际中的语言变化对于教育和跨文化沟通培训也具有指导作用，可帮助人们更好地应对跨文化交际挑战。

2. 研究方法的应用

研究跨文化交际中的语言变化方法有广泛的应用领域。首先，它在国际业务和国际政治中具有重要意义。了解不同文化的语言变化可以帮助企业更好地开展国际业务，政府更好地进行国际外交。其次，它对于教育领域也有重要影响。教育工作者可以利用研究跨文化交际中的语言变化的方法来改进跨文化教育和培训，使学生更好地适应不同文化背景下的交际环境。此外，研究方法还可以应用于社会科学研究,帮助社会科学家更好地理解文化差异对社会和人际关系的影响。

具体应用领域包括:

(1)跨文化交际培训:跨文化交际培训是为了帮助人们更好地应对不同文化背景下的交际挑战而开展的活动。研究跨文化交际中的语言变化可以为培训提供理论基础,帮助参与者更好地理解和运用跨文化交际策略。

(2)国际市场营销:在国际市场中,了解不同文化中的语言习惯和消费者偏好对于成功的市场营销至关重要。研究方法可以帮助企业更好地定制广告和宣传活动,以满足不同文化背景的客户需求。

(3)国际外交和国际关系:政府和国际组织在国际外交和国际关系中需要与不同文化的代表进行交流。研究方法可以为外交官员提供有关文化差异和语言使用的洞察,有助于改善国际合作和解决国际争端。

(4)教育领域:跨文化教育涉及帮助学生适应不同文化背景的学术环境。研究方法可以为教育工作者提供有关学生语言需求和跨文化交际技能的信息,以改善跨文化教育质量。

(5)社会科学研究:社会科学家可以利用研究跨文化交际中的语言变化的方法来研究文化差异对社会和人际关系的影响。这种研究有助于理解文化差异对社会行为、认同和态度的影响。

跨文化交际中的语言变化是一个复杂而重要的研究领域。通过使用多种研究方法,研究者可以深入了解不同文化间的语言差异,并揭示这些差异的文化背景和历史原因。这些研究方法不仅有助于增进不同文化间的相互理解,还在教育、市场营销、国际外交和社会科学研究等领域具有广泛的应用前景。因此,跨文化交际中的语言变化研究方法在当今全球化时代具有重要的意义,值得进一步深入研究和应用。

第二节 跨文化交际中的语言变异

一、不同文化背景下的语言变异案例

语言是文化的载体，每种文化都有其独特的语言特点和表达方式。不同文化背景下的语言变异是语言学和文化研究的一个重要领域，它涵盖了语音、词汇、语法、语用等多个方面。以下将通过分析一些案例来探讨不同文化背景下的语言变异，以展示不同文化如何在语言中体现出独有的特征和变化。

（一）语音和发音的文化差异

1. 法国和英国的语音差异

法国和英国是欧洲文化的两个代表性国家，它们在语音和发音上存在显著差异。一个明显的例子是法国的喉音发音，例如，"r"音在法语中通常不发音，而在英语中常清晰发音。此外，法语中的元音音节通常比英语长，而且法语语音中的鼻音较多，这些都构成了法国和英国语音的鲜明特征。

2. 汉语普通话和上海话的声调差异

汉语是一个多音节语言，不同地区的汉语方言在声调上存在差异。例如，汉语普通话有四个声调，而上海话有六个声调。这种声调的变异对于汉语的语音特点和交际方式有重要影响。在不同文化背景下，声调的变异可以导致不同的语音交际习惯和理解困难。

（二）词汇和语言习惯的文化差异

1. 英语和日语的尊称词差异

尊称词在不同文化中具有不同的重要性和用法。在日本文化中，尊称词是非常重要的，用于表达尊敬和礼貌。日语中有多种不同的尊称词，根据社会地位和关系的亲疏使用不同的尊称。而在英语中，虽然也有一些礼貌用语，但尊称词的使用相对较少，更多地侧重于语气和表达方式。

2. 西方文化和东方文化的色彩词差异

不同文化对颜色的词汇和语言习惯存在显著的差异。在西方文化中，通

常使用基本的颜色词汇，如红、蓝、绿等。然而，在东方文化中，如中国，颜色词汇更加丰富，包括一些特定的颜色词汇，如青、赤、黛等。此外，不同文化对颜色的象征意义和文化内涵也存在差异，这反映在语言中。

（三）语法和句法的文化差异

1. 东亚文化和西方文化的表达方式差异

东亚文化和西方文化在表达方式上存在显著差异。在东亚文化中，通常更加注重含蓄和间接的表达方式，倾向于使用模糊的措辞来传达信息。相比之下，西方文化更倾向于直接和明确的表达方式，强调个体的主观观点。这种文化差异在语法和句法结构中也有所反映，导致了不同的句型和句子结构。

2. 亚非文化和欧美文化的交际策略差异

不同文化在交际策略上存在差异，这涉及如何在对话中表达意见、提出请求、表达感谢等方面的差异。在亚非文化中，通常更加强调社交礼仪和尊重他人，因此可能使用更多的委婉语和礼貌用语。相比之下，欧美文化通常更直接和开放，表达方式更加直截了当。

（四）语用学和交际模式的文化差异

1. 德国和日本的交际模式差异

德国和日本在交际模式上存在明显的文化差异。在德国，交际通常更加直接，倾向于强调逻辑和事实。而在日本，交际通常更加间接，强调谦虚和社交礼仪。这种差异在语用学上体现为不同的语气、表达方式和回应模式。

2. 西方文化和非西方文化的非言语交际差异

非言语交际包括身体语言、面部表情、眼神接触等，它在不同文化中也存在差异。在西方文化中，直接的眼神接触通常被视为自信和真诚的表现，而在一些非西方文化中，可能被视为冒犯或不尊重。这种文化差异在跨文化交际中可能导致误解和不适。

（五）结论和启示

不同文化背景下的语言变异是语言学和文化研究中的重要主题之一。这些文化差异涵盖了语音、词汇、语法、语用、交际模式和非言语交际等多个方面。理解和认识这些差异对于实现有效的跨文化交际至关重要。以下是一些结论和启示：

1. 文化差异是自然的

不同文化背景下的语言变异是文化多样性的一部分。它反映了各个社会群体在长期发展中形成的独特特征。因此，我们应该尊重和理解这些差异，而不是将其视为错误或不合理的表现。

2. 文化敏感性对于跨文化交际至关重要

在跨文化交际中，文化敏感性是成功的关键。了解和尊重不同文化背景下的语言差异，可以帮助我们避免误解、冲突和不适，促进更有效的交流。

3. 语言学习需要综合性的方法

对于学习和掌握不同文化的语言，需要综合性的方法，包括语音、词汇、语法、语用和交际模式等多个方面的学习。只有综合性的语言学习才能更好地理解文化内涵和表达方式。

4. 文化差异也可以丰富交际

尽管文化差异可能导致挑战，但它们也可以丰富交际体验。通过学习和探索不同文化的语言，我们可以更深入地了解其他文化的价值观、传统和习惯。

5. 跨文化教育和培训至关重要

跨文化教育和培训可以帮助个人和组织更好地应对文化差异。这种培训可以教授跨文化交际的技能和策略，帮助人们更好地适应不同文化背景的环境。

总之，不同文化背景下的语言变异是一个复杂而引人入胜的领域，它反映了人类社会的多样性和丰富性。通过深入研究和理解这些差异，我们可以更好地实现跨文化交际的目标，促进全球化时代的相互理解和合作。

二、跨文化交际中的语言规范与变种

跨文化交际是当今全球化时代中的重要议题，不同文化之间的交流和互动变得更加频繁和密切。在跨文化交际中，语言扮演着至关重要的角色，但不同文化之间的语言规范与变种常引发沟通障碍和误解。以下将探讨跨文化交际中的语言规范与变种，深入研究不同文化间的语言差异、规范化和变种现象，以及这些现象对于跨文化交际的影响与挑战。

（一）跨文化交际中的语言规范与变种

1. 地理差异导致的语言变种

地理因素是语言变种的一个主要影响因素。同一语言在不同地区可能会产生不同的方言和口音。例如，在英语中，英国英语和美国英语之间存在明显的语音、拼写和词汇差异。这些差异在跨文化交际中可能导致理解困难和误解。

2. 社会因素导致的语言变种

社会因素，如社会地位、年龄、性别等，也可以导致语言变种。不同社会群体可能会在语言使用上有所不同。例如，在某些社会中，年轻人可能使用不同的俚语和词汇，而老年人可能更加保守地遵循传统的语言规范。这种社会差异在跨文化交际中需要特别注意。

3. 文化背景导致的语言规范与变种

文化背景对于语言规范与变种也有重要影响。不同文化中的价值观、礼仪和社会习惯可能导致语言使用上的差异。例如，在一些文化中，礼貌和尊重对于语言使用非常重要，而在其他文化中，直接和坦率的表达方式可能更受欢迎。这种文化差异在跨文化交际中常带来挑战。

（二）语言规范与变种的影响与挑战

1. 跨文化交际中的误解与冲突

语言规范与变种的差异可能导致跨文化交际中的误解和冲突。当人们不理解或不尊重他人的语言规范与变种时，可能会造成误解和沟通障碍。这种情况在商业、外交和社交交际中都可能发生。

2. 文化敏感性的重要性

要在跨文化交际中成功应对语言规范与变种的挑战，文化敏感性至关重要。文化敏感性意味着了解并尊重不同文化的语言规范与变种，以及适应不同文化背景的语言习惯。培养文化敏感性可以帮助人们更好地理解并与不同文化背景的人建立有效的沟通。

3. 教育与培训的角色

教育和培训在帮助人们应对语言规范与变种的挑战方面起着关键作用。跨文化交际的培训可以帮助个体和组织更好地理解不同文化的语言规范与变种，提高文化敏感性，并提供有效的交际策略。

（三）成功的跨文化交际策略

1. 学习和适应

了解并学习目标文化的语言规范与变种是成功跨文化交际的第一步。这包括学习不同地区的方言、口音和常用词汇，以及了解社会和文化因素对语言的影响。

2. 尊重和倾听

在跨文化交际中，尊重对方的语言规范与变种至关重要。倾听和表现出对对方语言习惯的尊重，可以建立良好的互动关系，并降低误解的风险。

3. 提高文化敏感性

文化敏感性是成功的跨文化交际的关键。它包括对不同文化的理解、尊重和适应能力。提高文化敏感性的方法包括学习目标文化的历史、价值观、习惯和社交规范，以便更好地理解其语言规范与变种。

4. 使用明确和清晰的语言

在跨文化交际中，尽量使用明确和清晰的语言表达方式，以减少歧义和误解。避免使用可能引起混淆或冒犯的俚语或不当的表达方式。

5. 避免刻板印象

避免对他人基于其语言规范与变种进行判断或刻板印象。每个人都是独特的，不应该根据其语言方式来评价其能力或背景。

6. 寻求帮助和反馈

如果在跨文化交际中遇到困难或误解，不要犹豫寻求帮助或反馈。与对方开放地讨论问题，以改善沟通并提高文化敏感性。

跨文化交际中的语言规范与变种是一个复杂而重要的话题。了解和尊重不同文化背景的语言规范与变种是实现有效跨文化交际的关键。文化敏感性、尊重和适应能力是成功跨文化交际的重要因素，通过学习、培训和开放的心态，可以更好地应对语言规范与变种的挑战，促进文化多样性的交流和理解。在全球化时代，跨文化交际的重要性愈发凸显，因此，我们应该持续努力提高自己的文化敏感性，以更好地适应不同文化的语言规范与变种，促进国际合作与理解的发展。

三、语言变异对沟通的影响

语言是人类交流和沟通的主要工具，它不仅传达着信息，还承载着文化、社会和个体的特征。语言变异是语言学研究中的一个重要主题，它指的是同一语言的不同形式或变体，受到地理、社会、文化等多种因素的影响。以下将深入探讨语言变异对沟通的影响，包括如何影响信息传递、文化交流、社会身份认同以及跨文化交际。

（一）语言变异对沟通的影响

1. 信息传递的影响

语言变异对信息传递有显著影响。不同的语言变异可能导致信息的不同解释和理解。例如，地理方言差异可能导致某个词汇在不同地区有不同的含义，这可能导致误解。因此，在沟通中，发言者需要考虑受众的语言背景，以确保信息能够被正确理解。

2. 文化交流的影响

语言是文化的一部分，因此语言变异与文化之间有密切的关系。不同文化背景下的语言变异反映了文化的差异。在跨文化交流中，了解和尊重对方的语言和文化是建立良好关系的关键。语言变异可能会涉及不同文化的礼仪、表达方式和价值观，因此在文化交流中需要特别注意。

3. 社会身份认同的影响

社会身份认同是指个体在社会中的地位和身份，它受到语言变异的影响。不同社会地位和社会群体可能会使用不同的语言变异，以表达其社会身份认同。例如，某些方言或口音可能与特定社会群体或地区相关联，这种语言变异可以用来表示社会归属感和身份认同。

4. 跨文化交际的挑战

跨文化交际通常涉及不同语言变异之间的交流。这可能会带来一些挑战，包括：

（1）语音和听力障碍：不同口音和语音特点可能导致听者难以理解说话者，从而降低了交流的效率。这可能需要更多的努力来克服听力障碍，并可能导致沟通的延误或误解。

（2）词汇和语法障碍：不同地区或社会群体使用的词汇和语法结构可

能不同，这可能导致理解上的困难。某些词汇可能在一个社群中常见，而在另一个社群中则很少使用。这可能需要在交流中进行澄清和解释。

（3）礼仪和表达方式的不同：不同文化中的社交礼仪和表达方式可能不同，这可能导致误解或冒犯。在一些文化中，直接的表达方式被视为不礼貌，而在其他文化中，直接沟通被认为更加诚实和直接。

（二）克服语言变异的沟通策略

1. 提高语言敏感性

为了克服语言变异带来的挑战，个体需要提高对不同语言变异的敏感性。这包括学习和了解不同方言、口音和词汇的特点，以及不同文化的社交礼仪和表达方式。

2. 清晰地表达和解释

在沟通中，清晰的表达和解释非常关键。发言者应该尽量使用清晰、简洁的语言，避免使用容易引起混淆的词汇或表达方式。同时，如果有必要，可以进行解释和澄清，以确保信息被正确理解。

3. 适应和尊重

在跨文化交流中，适应和尊重对方的语言习惯和文化是至关重要的。这包括使用对方熟悉的语言变异，尊重对方的社会身份认同，以及遵循对方的社交礼仪。尊重对方的语言和文化有助于建立信任和良好的关系。

4. 学习和提升语言能力

为了更好地应对语言变异，个体可以学习和提升自己的语言能力。这包括学习多种语言、了解不同方言和口音的特点，以及提高听力和口语技能。语言能力的提升可以帮助个体更好地适应不同的语言环境。

语言变异是语言学研究中的一个重要领域，它对沟通产生了深远的影响。不同地区、社会群体和文化背景中的语言变异反映了多样性和丰富性，但也带来了一些挑战。克服这些挑战需要提高语言敏感性、清晰的表达和解释、适应和尊重对方的语言习惯和文化，以及学习和提升语言能力。通过这些努力，人们可以更好地实现有效的沟通，促进文化多样性的交流和理解。在全球化时代，跨文化交流的重要性不断增加，因此，理解和应对语言变异对于建立良好的国际关系和推动全球合作至关重要。

第三节 语言变化的社会因素

一、社会因素与语言变化的关系

语言是人类社会的重要组成部分,它不仅用于信息传递,还反映了社会结构、文化传承和个体认同。语言是动态的,不断变化和演化,这种语言变化受到各种社会因素的影响。以下将深入研究社会因素与语言变化之间的关系,探讨不同社会因素如何塑造语言的发展和演变,以及这些变化如何反过来影响社会。

(一)社会因素与语音变化的关系

1. 社会地位和语音变化

社会地位在语音变化中发挥着重要作用。社会地位高的群体通常对语音变化产生更大的影响力。他们的语音习惯和发音方式可能会被视为"标准",并被广泛传播。相反,社会地位较低的群体可能更容易受到语音变化的影响,因为他们通常更容易接触到各种不同的语言模式。

2. 年龄与语音变化

年龄是语音变化中的另一个重要因素。语音变化通常会在不同的年龄群体中传播和接受。年轻人和老年人可能在发音和语音特征上有显著差异,因为他们通常会受到不同的社会影响和语言模式的塑造。年轻人可能更容易接受新的语音趋势,而老年人可能更坚持传统的语音规范。

3. 社会接触和语音变化

社会接触是语音变化的关键因素之一。当不同社会群体相互接触时,他们可能会相互影响彼此的语音习惯。这种社会接触通常会导致语音变化的传播和扩散。例如,城市和农村地区的社会接触可能导致语音差异的减小,因为城市居民和农村居民之间的语音特征开始融合。

(二)社会因素与词汇变化的关系

1. 社会变革和词汇变化

社会变革通常伴随着词汇的变化。随着社会的发展和演进,新的社会概念、技术、行业等可能出现,需要新的词汇来描述和表达。这些词汇可能会从其他语言借用,也可能是由社会群体创造出来的。社会变革驱动了词汇的不断演化,以满足社会需求。

2. 社会群体和词汇变化

不同社会群体之间的词汇使用可能存在差异。社会群体通常会在特定领域或专业领域中使用特定的词汇。例如,医学专业和工程领域可能有自己独特的术语和词汇。这种社会群体内的词汇变化反映了社会的多样性和专业化。

(三)社会因素与语法变化的关系

1. 社会变革和语法变化

社会变革也会影响语法的变化。随着社会的发展和演进,新的社会关系、文化习惯、社交礼仪等可能出现,这些因素可能导致语法规则的调整。例如,社会性别角色的变化可能导致语法中的与性别相关的规则的修改。

2. 社会群体和语法变化

不同社会群体之间的语法使用也可能存在差异。社会群体通常会在语法使用上有自己的特点。例如,某些社会群体可能更注重使用正式的语法规则,而其他社会群体可能更倾向于使用非正式的语法规则。这种语法差异可以反映不同社会群体的文化、社交和身份认同。

(四)社会因素与语言变化的相互影响

1. 语言变化对社会的影响

语言变化不仅受到社会因素的影响,它也可以反过来影响社会。当语言发生变化时,它可能导致社会的不同部分之间的差异增加或减小。例如,当一个社会中的方言差异减小时,可能会增强社会的凝聚力和一体感。相反,当语言变化导致不同社会群体之间的语言隔阂时,可能会导致社会分化和冲突。

2. 社会的反应与规范化

社会对语言变化的反应通常涉及规范化的过程。社会可能会接受某些语言变化，将其视为新的标准，而拒绝或抵制其他语言变化。这种规范化的过程通常受到社会因素、权威机构、媒体等的影响。一些语言变化最终可能被纳入正式的语言规范，而其他变化可能会被视为非正式或不当的语言使用方式。

3. 社会变迁和语言演化

社会的变迁和演化也可以导致语言的演化。社会的经济、政治、文化等方面的变化可能会导致语言中新的词汇、表达方式和语法规则的出现。这些变化通常反映了社会的需求和趋势，促使语言不断适应新的情境和语境。

（五）社会因素与跨文化交际的关系

1. 社会因素对跨文化交际的影响

社会因素对跨文化交际产生了深远的影响。不同社会因素塑造了不同社会群体的语言和文化特征，这种差异可能导致跨文化交际中的误解和挑战。了解和尊重不同社会群体的语言和文化习惯是成功的跨文化交际的关键。

2. 文化敏感性和跨文化交际

文化敏感性是在跨文化交际中成功的关键因素之一。文化敏感性包括了解和尊重不同文化的语言、社交礼仪、价值观和传统。社会因素塑造了不同文化的语言和社交规范，因此，文化敏感性有助于个体更好地理解和适应不同文化背景的环境。

3. 社会因素和国际合作

在国际合作和外交中，社会因素对于成功的交流和合作至关重要。了解不同国家和文化的语言和社会因素有助于建立信任和友好关系，促进国际合作的发展。相反，忽视社会因素可能导致误解和不适，妨碍合作和理解的进展。

社会因素与语言变化之间存在着复杂而密切的关系。社会因素塑造了语音、词汇和语法的变化，同时语言变化也反过来影响了社会。了解这些关系有助于我们更好地理解语言的演变和社会的发展。在跨文化交际和国际合作中，文化敏感性和对社会因素的理解至关重要，这有助于建立跨文化沟通的桥梁，促进文化多样性的尊重和合作。在全球化的时代，深入研究社会因素与语言变化之间的关系对于促进跨文化理解和全球合作具有重要意义。

二、社会变革与语言变化

语言是人类社会最重要的交流工具之一,它不仅用于传递信息,还反映了社会的文化、价值观和演变。社会变革是社会发展的必然结果,它可以通过政治、经济、科技、文化等多种因素来实现。社会变革不仅对人们的生活方式和价值观念产生深远影响,还对语言产生了重要的影响。以下将探讨社会变革与语言变化之间的密切关系,以及社会变革如何塑造和改变语言。

(一)社会变革的定义和类型

社会变革是指社会结构、社会制度、社会文化等方面的深刻而根本性的变化。社会变革可以由多种因素引发,包括政治变革、经济变革、科技变革、文化变革等。下面将简要介绍一些常见的社会变革类型:

1. 政治变革

政治变革通常指的是政府体制、政治权力结构或政治制度的重大变化。例如,革命、政权更迭、民主化等都可以被视为政治变革。

2. 经济变革

经济变革涉及经济体系、产业结构和贸易方式的根本性改变。全球化、市场经济的崛起以及技术革命都是经济领域的社会变革。

3. 科技变革

科技变革通常指的是科学技术领域的创新和发展,这些变革可以改变社会的生产方式、通信方式和生活方式。例如,互联网、电子商务、人工智能等都是科技变革的例子。

4. 文化变革

文化变革包括价值观念、信仰体系、艺术和娱乐等方面的变化。文化变革可以是社会变革的产物,也可以是社会变革的推动力。

(二)社会变革与语言变化的关系

社会变革和语言变化之间存在着紧密的联系,社会变革可以塑造和改变语言,而语言又可以反映社会变革的影响。以下是社会变革与语言变化之间的几种关系:

1.词汇的演变

社会变革通常伴随着新的概念、技术和社会实践的出现。这些新事物需要新的词汇来描述和表达，因此，社会变革往往会导致词汇的演变。例如，随着信息技术的发展，许多新词汇如"互联网""社交媒体"等进入了日常语言中。

2.语法和语言结构的变化

社会变革可以改变人们的思维方式和沟通需求，从而影响语言的语法和结构。例如，现代英语中的语法结构可能与古英语有所不同，这部分是由于社会的演变和文化变革所导致的。

3.社会阶层和语言差异

社会变革还可以影响不同社会阶层之间的语言差异。在某些情况下，社会变革可能导致社会阶层之间的语言差异减小，而在其他情况下，它可能会加剧这种差异。例如，某些社会变革可能促进教育普及，从而减小不同社会阶层之间的语言差异。

4.文化表达和语言

社会变革通常伴随着文化的变化，这也会影响语言的表达方式。不同的文化价值观和社会观念可以导致不同的语言表达方式。例如，某些社会变革可能促使人们更加强调个体主义，这可能会在语言中反映出来，如使用更多的第一人称代词。

5.语言的保存和变迁

虽然社会变革可以导致语言的变化，但一些社会变革也可能推动语言的保存。语言的保存通常与文化保护和民族认同有关。在某些社会变革中，人们可能会努力保留传统语言，以维护文化认同感。

（三）历史上的例子

为了更好地理解社会变革与语言变化之间的关系，我们可以回顾历史上的一些例子：

1.工业革命

18世纪末至19世纪初的工业革命是一次巨大的社会变革，它彻底改变了生产方式和城市化进程。这一变革导致了大量新词汇的产生，如"蒸汽机""铁路"等。此外，工业革命也加速了英语语法和语言结构的变化。

2. 法国大革命

18 世纪末的法国大革命不仅改变了政治体制，还影响了法国社会的文化和价值观。在法国大革命期间，一些旧的社会和政治制度被废除，新的观念和理念兴起。这一时期的社会变革促使法语中出现了一些新的政治和社会术语，如"公民权利""自由平等博爱"等。这些词汇在法国语言中根深蒂固，反映了法国社会变革的深远影响。

3. 互联网时代

20 世纪末至 21 世纪初的互联网革命是另一次重大的社会变革。互联网的兴起带来了全新的沟通方式、商业模式和文化表达方式。这一社会变革导致了许多新词汇的产生，如"网页""社交媒体""云计算"等。同时，互联网也加速了英语作为全球通用语言的发展，影响了其他语言的使用和学习。

4. 文化运动和社会变迁

文化运动如嬉皮文化、嘻哈文化等也在一定程度上推动了语言的变化。这些文化运动引入了新的词汇、俚语和表达方式，反映了社会青年文化的独特特征。例如，嘻哈文化中的术语和口头表达方式已经深刻影响了英语和其他语言的流行文化。

这些历史上的例子清楚地展示了社会变革如何与语言变化紧密相连。社会的变革和发展不仅创造了新的词汇，还改变了语法、语言结构和文化表达方式。

（四）现代社会变革和语言变化

现代社会变革也在塑造和改变语言。以下是一些当前社会变革对语言的影响的例子：

1. 科技和数字化革命

数字技术的飞速发展已经改变了人们的生活方式和沟通方式。社交媒体、短信、电子邮件等数字工具带来了新的缩略语、表情符号和口头表达方式。这些新的语言特征反映了社交媒体和在线互动对语言的影响。

2. 多元文化和多语言社会

全球化和人口流动使得多元文化社会越来越普遍。在这种多元文化背景下，不同语言和文化之间的互动促使语言变化。例如，一些社会可能出现语言借用和混合，创造出新的语言形式，称为克里奥尔语或混合语。

3. 性别平等和反性别歧视运动

性别平等运动推动了语言使用的变化。人们更加关注使用包容性语言，避免性别歧视。这导致了一些语言规范的修改，以更好地反映性别多样性。

4. 气候变化和可持续发展

全球气候变化和可持续发展的议题已经引起人们对环境保护和可持续生活方式的关注。这一社会变革也在语言中反映出来，推动了新的词汇如"碳足迹""可再生能源"等的出现。

5. 社会媒体和虚拟社交

社交媒体平台如 Facebook、Instagram 和 Twitter 等已经成为人们交流的主要场所之一。这些平台的特点包括短文本、表情符号和话题标签，这些元素都影响了语言的书写和表达方式。

总之，现代社会变革涉及许多方面，包括科技、文化、性别、环境等，这些方面都与语言密切相关。社会变革不仅创造了新的词汇和表达方式，还改变了人们的沟通需求和语言使用习惯。

（五）社会变革和语言的挑战与机遇

社会变革和语言变化带来了一些挑战，但也提供了机遇。以下是一些社会变革和语言的挑战与机遇：

1. 挑战

（1）语言多样性的威胁：一些社会变革可能导致一些语言逐渐消失，从而威胁到文化多样性。保护和传承少数语言成为重要任务。

（2）语言歧视和不平等：社会变革可能导致一些社会阶层或群体的语言受到歧视，这可能加剧社会不平等。需要努力确保语言权利的平等。

（3）沟通障碍：新兴技术和表达方式可能导致不同代际的沟通障碍。老年人可能难以理解年轻人使用的新词汇和缩略语。

2. 机遇

（1）创造力和表达方式的丰富性：社会变革创造了新的词汇和表达方式，丰富了语言的表达能力，带来更多的创造力。

（2）促进全球交流：社会变革促使人们更加互联互通，使得全球交流变得更加容易。这促进了不同语言之间的相互了解和文化交流。

（3）语言的灵活性：社会变革鼓励人们适应新的语言环境，提高了语言的灵活性。人们更容易学习新的语言技能，以适应不同的沟通需求。

（4）文化保护和传承：社会变革使人们更加关注文化保护和传承，这有助于保护传统语言和文化。

总之，社会变革与语言变化密切相关，既带来了挑战，也提供了机遇。关键在于如何平衡语言的发展与保护，以确保语言继续发展，同时尊重文化多样性和语言权利。

社会变革与语言变化之间存在着复杂而密切的关系。社会变革不仅塑造和改变了语言，还反映了语言对社会变革的适应和反应。历史上的各种社会变革都对语言产生了深远的影响，现代社会变革也在塑造着我们的语言。

理解社会变革与语言变化之间的关系对于我们更好地适应现代社会的变化至关重要。在面对新的科技、文化、环境和社会问题时，语言将继续发展和演变，反映出我们的思维方式和价值观念的变化。

最后，我们需要认识到语言不仅是一种交流工具，还是文化、历史和社会的重要组成部分。通过维护和传承语言，我们可以更好地理解和尊重不同的文化传统，促进社会的多元化和包容性。因此，对于社会变革和语言变化的研究和理解，不仅有助于我们更好地理解社会发展的脉络，还有助于我们更好地保护和传承人类宝贵的语言遗产。

三、社会文化因素对语言变化的塑造

语言是人类交流和思考的主要工具之一，同时也是社会文化的重要反映。语言的形态、结构和使用方式受到社会文化因素的深刻影响。以下将探讨社会文化因素对语言变化的塑造，不仅包括了语言词汇和语法的变化，还包括了语言在社会文化背景下的表达、意义和使用的演变。

（一）社会文化因素与语言的相互关系

社会文化因素和语言之间的关系是相互作用的，两者互为影响。以下是一些社会文化因素与语言之间的相互关系：

1.语言反映社会文化

语言不仅用于表达思想，还反映了社会文化的各个方面。语言词汇中的词汇项、表达方式以及语法规则都可以追溯到社会文化的历史和演变。

2. 社会文化塑造语言

社会文化因素塑造了语言的形式和用法。不同的文化背景和价值观会影响到语言的词汇、语法和口音。例如，不同文化对礼貌用语、家庭关系的称呼等有不同的规范。

3. 语言反映社会结构

社会文化因素可以通过语言来反映社会结构和社会关系。语言中的敬语、尊称和称呼方式都可以反映出社会地位、权力关系和社会等级制度。

4. 语言塑造社会文化

语言不仅是反映社会文化的工具，还可以塑造社会文化。语言的使用方式和表达方式可以影响人们的思维方式、价值观和文化认同。

（二）社会文化因素对语言变化的影响

社会文化因素对语言变化的影响是多方面的，包括以下几个方面：

1. 词汇的演变

社会文化因素可以导致词汇的演变。社会文化的发展和变化会引入新的概念、技术、事物和现象，需要新的词汇来描述和表达。例如，随着科技的进步，许多新词汇如"互联网""智能手机"等进入了日常语言中。

2. 语法和语言结构的变化

社会文化因素也可以导致语法和语言结构的变化。不同的文化背景和社会关系可能会影响语言的语法规则和句法结构。例如，一些文化强调社会等级和尊敬，可能会在语法中使用不同的敬语规则。

3. 文化表达和意义

社会文化因素对语言的文化表达和意义产生深远影响。不同文化背景下的词汇和短语可能具有不同的文化含义和象征意义。例如，颜色、数字和动物在不同文化中可能具有不同的象征意义。

4. 礼仪和礼貌用语

社会文化因素影响了语言中的礼仪和礼貌用语。不同文化对待社交场合、家庭关系和陌生人之间的交往方式不同，因此使用不同的礼貌用语和表达方式。

5. 社会文化背景下的口音

社会文化因素还会影响到口音和语音特点。不同地区、社会群体和社会文化背景下的人可能会有不同的发音、语音节奏和语音特点。

6. 社会变革与语言变化

社会文化因素还可以通过社会变革对语言产生深刻影响。政治、经济、科技和文化变革都可能导致语言的变化，包括词汇、语法和语言结构的变化。

（三）社会文化因素对语言变化的影响举例

以下是一些例子，展示了社会文化因素如何影响语言的演变和变化：

1. 性别平等运动

性别平等运动推动了语言的变化，促使人们更加关注使用包容性语言，避免性别歧视。例如，一些文化开始使用中性的职业称呼，以代替传统的男性或女性特定的称呼。

2. 社交媒体和网络文化

社交媒体和网络文化的兴起改变了人们的语言使用方式。短文本、表情符号、缩略语和话题标签成为在线交流的常见特征，这些元素反映了社交媒体对语言的影响。

3. 多元文化社会

多元文化社会中的不同文化背景和语言之间的互动促使语言变化。语言借用、混合语和新的文化表达方式可能涌现出来。

4. 移民和流动性

全球移民和人口流动导致不同语言和文化之间的接触和融合。这可能导致语言的混合和演变，产生新的方言或变种。例如，在多元文化城市中，人们可能使用多种语言元素来交流，形成了独特的城市口音和文化。

5. 社会阶层和教育

社会文化背景和社会阶层可以影响到语言使用和口音。不同社会阶层和教育水平的人可能会在发音、词汇和语法上有差异。

6. 政治和社会运动

政治和社会运动对语言使用和表达方式产生影响。一些政治运动可能推动使用特定的政治术语和口号，而社会运动可能改变文化表达和文化词汇。

以上例子展示了社会文化因素对语言变化的多样性影响。这些因素不仅包括了语言的词汇和语法方面的变化，还包括了语言在社会文化背景下的表达、意义和使用的演变。

社会文化因素对语言变化有着深远的影响，这种影响是相互作用的，语言反映了社会文化，同时也塑造了社会文化。社会文化因素通过词汇的演变、语法和语言结构的变化、文化表达和意义的塑造、礼仪和礼貌用语、口音以及社会变革等多种途径影响着语言。

理解社会文化因素对语言的影响有助于更深入地理解语言的多样性和演变。同时，这也提醒我们语言的使用不仅仅是一种交流工具，还反映了社会文化的复杂性和多样性。因此，在跨文化交流和多元文化社会中，理解并尊重不同社会文化对语言的塑造和影响是至关重要的。同时，语言研究和语言教育也应该考虑到社会文化因素，以更好地满足不同文化背景的人们的语言需求。通过深入了解社会文化因素与语言之间的关系，我们可以更好地促进跨文化理解和文化多样性的保护。

第四节　语言标准与多样性

一、语言规范与规范化

语言是人类最基本、最重要的交流工具之一，它承载了文化、历史、思想和知识，对社会和个体都有深远的影响。语言的规范与规范化是一个复杂且受到争议的话题，旨在维护语言的纯粹性与多样性之间的平衡。以下将探讨语言规范与规范化的概念、目的、影响以及挑战，并讨论如何在保护语言质量的同时保护语言的多样性。

（一）语言规范与规范化的概念

语言规范是指一种标准或模式，被认为是正确或合适的语言使用方式。这些规范通常由语言学家、教育机构和文化权威所制定，旨在确保语言的一致性和清晰度。语言规范包括语法、拼写、发音、用词等方面的规则。规范化是指在社会和文化层面推动语言规范的过程，以便更广泛地采纳这些规范。

（二）语言规范与规范化的目的

1. 促进有效交流

语言规范的一个主要目的是确保人们能够清晰、准确地传达信息。共同遵循语言规范有助于消除歧义，降低误解的可能性。

2. 维护文化传承

语言规范也有助于保存和传承文化。规范化可以防止语言的变异和丧失，确保后代能够理解和继承自己的文化遗产。

3. 提高文书表达能力

语言规范化通过提供正确的语法和拼写指导，帮助人们提高书面表达的能力，这在学术、职业和日常生活中都非常重要。

4. 促进社会和经济机会

在很多社会中，符合语言规范的人更容易获得教育和就业机会。语言规范化可以帮助消除社会中的某些不平等现象。

（三）语言规范与规范化的影响

语言规范与规范化对社会和个体都产生了广泛的影响，以下是一些主要影响：

1. 文化一致性

语言规范有助于维护文化的一致性，确保文化特征得以保留。这有助于社会团结和身份认同。

2. 教育和职业机会

符合语言规范的人通常更容易获得教育和职业机会，因为这些规范通常在学校和职场中受到重视。

3. 传媒和广告

语言规范在媒体和广告领域起着重要作用，确保信息准确传达给受众，同时维护专业形象。

4. 社会认可度

在某些社会中，语言规范与规范化和社会认可度相关，不符合规范的语言使用可能导致排斥或歧视。

5. 文学和艺术

语言规范也对文学和艺术有深远影响,因为它们创造和传达思想、情感和故事。

(四)语言规范与规范化的挑战

尽管语言规范与规范化有许多正面影响,但也面临一些挑战和争议:

1. 语言多样性

世界上存在数千种语言,每一种都有自己的规范和文化背景。规范化的过程可能会削弱语言多样性,导致某些语言和方言的消失。

2. 社会不平等

语言规范化有时会导致社会不平等,因为那些无法遵循规范的人可能受到排斥。这种不平等可能涉及种族、阶级和地区等因素。

3. 语言变迁

语言是一个动态的现象,不断发展和变化。过度强调规范可能导致无法适应语言的自然演化。

4. 文化冲突

在多文化社会中,不同的语言规范可能导致文化冲突。某些规范可能被视为对其他文化的侵略。

(五)平衡语言规范与多样性的方法

为了平衡语言规范与多样性,可以采取以下措施:

1. 尊重语言多样性

认识到每种语言都有其独特之处,应该尊重和保护各种语言和方言,以维护文化多样性。

2. 教育与宽容

教育应该强调语言规范的重要性,同时也应该宣扬宽容,鼓励人们理解和尊重不同的语言和文化。

3. 语言保护政策

政府可以采取措施来保护濒危语言,鼓励使用和传承那些濒危的语言,以保护语言多样性。

4. 语言研究与记录

支持语言学家和研究机构对各种语言进行研究和记录，以便更好地了解和保护它们。

5. 社会包容性

社会应该鼓励包容性语言政策，允许人们使用他们最舒适和自然的语言，而不会因此受到歧视。

6. 语言教育

提供多样性的语言教育，使人们能够了解和使用不同的语言，这有助于促进跨文化交流。

7. 语言规范的演化

语言规范应该是一个不断演化的过程，要能够适应语言的变化和发展，而不是僵化地坚守传统规则。

语言规范与规范化是一个复杂而重要的话题，它涉及社会、文化、教育和个体层面的许多问题。尽管语言规范有其重要性，但我们也必须保护语言多样性，以维护文化的丰富性和社会的包容性。在实践中，平衡语言规范与多样性可能会是一个挑战，但这是值得努力的目标，以确保语言在不同文化和社会中继续发挥其交流和传承的重要作用。

二、多样性与语言接受度

多样性是人类社会的一个基本特征，也体现在语言方面。每种文化和每个社会都有其独特的语言、方言和口音，这种多样性对于丰富人类经验和文化非常重要。然而，语言接受度是一个复杂的议题，它涉及文化、社会和个体因素的互动。以下将深入探讨多样性与语言接受度之间的关系，以及如何促进更广泛的语言包容性。

（一）语言多样性的重要性

语言多样性是指不同语言、方言和口音的存在。它具有以下重要性：

1. 文化传承

语言是文化传承的重要组成部分，它承载着民族、地域和历史的记忆，有助于维护文化的连续性。

2. 丰富的表达方式

不同的语言可以表达不同的思想、情感和概念。语言多样性有助于拓宽人们的思维和表达方式。

3. 社会认同

语言与个体和社群的认同密切相关。使用自己的语言有助于建立社会认同感和归属感。

4. 文化交流

多样的语言使不同文化之间的交流更加丰富，促进文化多元化的发展。

5. 生活丰富性

多样的语言环境使人们的生活更加丰富多彩，允许他们与不同文化的人建立联系。

（二）语言接受度的概念

语言接受度是指社会和个体对不同语言、方言和口音的态度和行为。这包括语言是否被视为正规、合适、有价值，以及是否受到尊重和支持。语言接受度可以体现在多个层面，包括以下几个方面：

1. 社会层面

社会接受度涉及整个社会对不同语言和文化的态度。这包括政府政策、教育体制、媒体和广告等各个方面。

2. 文化层面

文化接受度指的是特定文化对自身语言和文化的态度，以及对其他文化的语言的尊重程度。

3. 个体层面：个体接受度是每个人对不同语言和方言的态度。这取决于他们的教育、家庭背景、社会圈子和个人信仰等因素。

（三）文化因素与语言接受度

文化因素在塑造语言接受度方面发挥着重要作用。不同文化对语言的态度和行为可能存在明显差异：

1. 语言作为文化认同的一部分

在一些文化中，语言被视为文化认同的核心组成部分。在这些文化中，人们通常更加保守，更加珍视自己的语言，可能对其他语言抱有怀疑甚至敌意态度。

2. 多语文化与开放文化

一些文化具有多语言的传统，这些文化通常更加开放和包容，容易接受不同语言和口音。相反，一些单语文化可能更加封闭，对其他语言持怀疑态度。

3. 政府政策和支持

政府的语言政策和支持对语言接受度有着巨大影响。一些国家鼓励多语言使用，提供相关的资源和支持，而其他国家可能采取强制单一语言政策。

4. 文化传媒和教育体制

文化传媒和教育体制对于塑造人们对不同语言的态度也具有重要作用。如果媒体和教育系统强调某种语言或方言的重要性，那么人们可能更容易接受它。

（四）社会因素与语言接受度

社会因素也在影响语言接受度方面发挥着重要作用：

1. 社会多样性

社会中的多样性通常与更高的语言接受度相关。在多元文化的社会中，人们更容易接受不同语言和文化，因为他们日常生活中常接触到这些多样性。

2. 社会经济地位

社会经济地位可能对语言接受度产生影响。在一些社会中，具有高社会地位的语言可能更容易被接受，而较低社会地位的语言可能面临歧视。

3. 教育水平

受过良好教育的人通常更具有语言灵活性和开放性，更容易接受不同语言和口音。

4. 社会政治氛围

社会政治氛围可以对语言接受度产生深远影响。例如，社会中的政治争议和冲突可能导致对某些语言和方言的排斥。

（五）个体因素与语言接受度

个体因素是塑造语言接受度的重要组成部分：

1. 家庭背景

一个人的家庭背景在很大程度上决定了他们对语言的接受度。家庭中使用的语言和文化传统通常会影响一个人对其他语言的态度。

2. 教育

受教育程度通常与开放和包容的语言态度相关。受过良好教育的人可能更容易接受不同语言和口音。

3. 社交圈子

与什么样的人交往也会影响一个人的语言接受度。如果一个人的社交圈子包括不同语言背景的人,他们可能更容易接受多样的语言。

4. 个人偏好和态度

每个人的个人偏好和态度都不同。有些人可能对多样性持积极态度,愿意接受不同的语言和口音,而其他人可能更加保守,更偏好自己的语言。

(六)促进语言接受度的方法

为了促进更广泛的语言接受度,可以采取以下措施:

1. 教育和宣传

通过教育和宣传活动,增加人们对语言多样性的认识和理解。强调语言的重要性,但也强调多语言的益处。

2. 多语言政策

政府可以制定多语言政策,鼓励多语言使用,提供相关资源和支持,以确保不同语言都得到尊重。

3. 文化交流和庆典

举办文化交流活动和庆典,让不同文化的人们互相了解和尊重彼此的语言和文化。

4. 媒体和广告

媒体和广告可以发挥积极作用,展示多样的语言和文化,避免歧视性语言和刻板印象。

5. 多语言教育

推广多语言教育,使人们能够了解和使用不同语言,有助于促进跨文化交流。

6. 社会倡导

社会组织和个体可以倡导多语言使用和尊重,促进社会和谐和文化多样性。

7. 鼓励语言学习

鼓励人们学习新的语言,帮助他们更好地理解和尊重其他文化的语言。

多样性与语言接受度之间存在复杂的相互关系。尽管不同文化、社会和个体可能对语言持不同态度,但促进更广泛的语言包容性是实现社会多样性和文化多元性的关键。通过教育、政策、媒体和社会努力,我们可以更好地理解、尊重和接受不同的语言和口音,从而实现更加包容和多元的社会。保护语言多样性并促进语言接受度不仅是文化丰富性的体现,也是实现全球互联互通的重要一步。

三、语言多样性的保护与维护

语言多样性是世界上最宝贵的文化和人类遗产之一。每一种语言都是一种独特的表达方式,承载着特定的文化、历史和思想传统。然而,随着全球化的加剧和文化交流的增加,许多语言正面临消失的危险。因此,保护和维护语言多样性变得至关重要。以下将深入探讨语言多样性的重要性,为何需要保护它,以及实现这一目标的方法。

(一)为何需要保护语言多样性

尽管语言多样性的重要性不言而喻,但在当今全球化的背景下,它正面临多重威胁:

1. 语言消失

每年都有许多语言濒临消失,因为它们不再被下一代传承。这种语言的消失代表着文化的丧失,以及对丰富多样性的损害。

2. 外部压力

全球化和现代化带来了外部压力,使少数语言受到威胁。这包括社会因素和经济因素,如城市化和全球通信的普及。

3. 文化侵蚀

一些大型语言和文化传播媒体的扩张可能导致小型语言和文化的侵蚀。这可能包括流行文化的传播、大众媒体的影响等。

4. 教育不平等

在一些地区,教育系统可能偏向于一种主要语言,而忽视其他语言的教育。这导致了教育不平等，削弱了一些语言的传承。

5. 语言贬低

有时，一些语言可能被视为低级或不值得尊重，导致人们不再使用或传承它们。

6. 文化忽视

少数语言和文化可能被边缘化，导致它们的文化和知识无法传承。

为了应对这些威胁，需要采取积极的措施来保护和维护语言多样性。

（二）保护与维护语言多样性的方法

为了保护和维护语言多样性，需要采取多层次的措施，涵盖了政府、社会、教育和个体层面。以下是一些关键方法：

1. 政府支持

政府可以制定和执行政策，鼓励和支持语言多样性。这包括资助语言保护项目、提供教育资源、保护文化遗产等。

2. 教育

在教育体系中应该加强对本地语言和文化的教育。这包括将本地语言纳入学校课程，培训本地语言教师等。

3. 语言传承项目

开展语言传承项目，鼓励年长一代向年轻一代传授本地语言和文化知识。这可以通过口头传统、书面材料、数字资源等方式实现。

4. 社区参与

鼓励社区参与语言保护和传承工作。社区应该积极参与决策过程，制定与本地语言相关的政策和计划。

5. 国际合作

国际社会也可以采取行动，支持语言多样性的保护。这包括通过国际组织和合作项目来提供资源和支持。

6. 弘扬文化自信

提高人们对本地语言和文化的自信心，使他们更愿意传承和使用本地语言。这可以通过文化活动、庆典、音乐、文学等方式来实现，增强人们对自己文化的自豪感。

7. 数字化保护

将语言和文化资源数字化，以确保它们能够在全球范围内传播和保存。数字化技术可以帮助保存口头传播、文本、音频和视频等形式的语言和文化遗产。

8. 语言多样性的宣传

宣传语言多样性的重要性，提高公众对语言多样性的认识和理解。公共媒体、社交媒体和教育机构可以在宣传中扮演重要角色。

9. 多语言教育

支持多语言教育，鼓励人们学习和使用多种语言。多语言教育有助于维护语言多样性，并有助于培养跨文化的理解和合作。

10 支持语言学研究

支持语言学家和研究机构的工作，以研究、记录和保护各种语言。语言研究有助于了解语言演化和多样性的重要性。

11. 社会倡导

社会组织和个人可以倡导保护语言多样性的重要性，推动政策和实践的变革。社会倡导可以引起更广泛的关注和支持。

12. 文化交流和合作

促进不同文化之间的交流和合作，以加深对其他语言和文化的了解和尊重。文化交流有助于打破刻板印象，增进文化多样性。

语言多样性是丰富多彩的文化宝藏，它体现了人类文明的多样性和创造力。然而，它正面临着全球化和现代化的威胁，需要采取积极的措施来保护和维护。政府、社会组织、教育机构和个体都可以发挥作用，共同努力确保语言多样性的持续存在。这不仅有助于保护文化遗产，还有助于促进文化交流、跨文化理解和全球和平与繁荣。维护语言多样性是我们对未来世代的文化和知识传承的一种承诺，也是对世界更加多元化和丰富的愿景的一种追求。

第五节 语言变化的未来趋势

一、当前语言变化趋势

语言是不断演变的,它反映了社会、科技和文化的变革。在当今数字化时代,语言变化的趋势更加复杂和快速。社交媒体、智能手机、网络通信和全球化都在塑造我们的语言使用方式。以下将探讨当前语言变化的趋势,以及这些趋势对我们的交流、文化和社会产生的影响。

(一)社交媒体的崛起与语言变化

1. 简化与缩写

社交媒体平台上的文字限制和实时交流导致了语言的缩写和简化。人们经常使用缩写词和缩略语,如 LOL(笑死了)、BRB(一会儿回来)等。这种现象不仅出现在英语中,也在其他语言中流行。

2. 表情符号和 emoji

表情符号和 emoji 已经成为数字通信的重要元素。它们可以用来表达情感、态度和意义,有时甚至可以替代文字。这些符号和图片的广泛使用已经改变了我们的表达方式。

3. 语言创新

社交媒体促进了一些新的语言和短语的出现。一些独特的网络术语和流行语在社交媒体上迅速传播,成为日常用语。例如,"selfie"(自拍照)和"FOMO"(害怕错过)就是这样的例子。

4. 全球化的语言

社交媒体使全球范围内的交流变得更加容易。因此,英语等全球性语言在网络上被广泛使用,它们成为跨文化交流的工具。

(二)智能手机和移动应用的影响

1. 语音识别技术

智能手机的语音识别技术已经变得非常先进,使人们能够使用语音进行文字输入。这改变了书写方式，也影响了语言的发音和语调。

2. 文字预测和自动更正

智能手机和移动应用的文字预测和自动更正功能可以自动修正拼写错误，并提供建议。这影响了拼写和语法规则的重要性，因为人们更依赖于自动修正。

3. 移动应用和社交媒体平台

智能手机上的应用程序和社交媒体平台已经成为人们交流的主要工具。这些平台通常鼓励简洁、迅速的文字和多媒体内容，改变了书写和表达方式。

（三）全球化和跨文化交流

1. 多语言通信

全球化使得跨文化和多语言交流变得常态化。人们经常需要使用多种语言来与国际伙伴、客户和同事交流。这种情况下，混用多种语言的现象非常常见。

2. 文化影响

全球化也导致了文化的相互渗透。人们从其他文化借鉴了语言、短语、习惯和思维方式。这种文化融合对语言产生了深远的影响，使其变得更加多样化和丰富。

3. 多样性的尊重

全球化促使人们更加尊重不同文化和语言的多样性。在跨文化交流中，人们更注重避免冒犯或刻板印象，鼓励尊重和理解。

（四）社会和文化变革的影响

1. 社会变革

社会和文化变革通常伴随着语言的变化。例如，女权主义运动和LGBTQ+权益运动已经推动了一些性别和性取向相关的新词汇和表达方式。

2. 政治和社会运动

政治和社会运动也可以影响语言的发展。抗议活动和社会运动通常伴随着新的口号、标语和术语的出现，这些表达方式反映了运动的核心价值观和目标。

3. 科技革命

科技领域的创新对语言产生了深远的影响。例如，人工智能和自然语言处理技术已经催生了聊天机器人、语音助手和智能翻译工具，改变了我们与计算机和智能设备的交流方式。这些技术的快速发展也影响了语言的发展和使用。

（五）语言变化趋势的挑战与影响

尽管语言变化趋势带来了许多积极的影响，但也面临一些挑战和负面影响：

1. 信息过载

社交媒体和数字通信工具使信息传播变得非常快速，但也容易导致信息过载。人们需要处理大量的信息和内容，这可能导致精力分散和信息质量下降。

2. 沟通误解

语言变化可能导致沟通误解。简化的表达方式、缩写和 emoji 有时可能不足以传达复杂的思想和情感，容易引发误解和歧义。

3. 语言质量下降

依赖自动更正和文字预测工具可能降低了人们的拼写和语法能力。这可能导致语言质量下降和不规范的表达。

4. 文化同化

全球化和文化融合可能导致一些地方语言和文化受到威胁。一些小语种可能不再传承，文化多样性受到威胁。

5. 隐私和安全问题

数字通信可能引发隐私和安全问题。个人信息可能被滥用，信息泄露和网络犯罪问题也可能导致对数字通信的不信任。

6. 社交媒体的负面影响

社交媒体平台也存在一些负面影响，如信息过滤、信息泡沫和社交媒体成瘾等问题。

世界各地的语言学者和文化活动家正在关注这些挑战，并试图找到解决方案，以平衡语言变化的积极影响与负面影响。

（六）促进积极的语言变化的措施

为了更好地应对语言变化趋势的挑战，可以采取以下措施：

1. 教育与培训

教育机构可以强调语言质量和规范，帮助学生发展拼写、语法和写作技能。此外，教育还可以培养批判性思维，使学生更好地理解和分析信息。

2. 促进多语言的学习和使用

鼓励人们学习和使用多种语言，以促进跨文化交流和理解。多语言教育项目和资源可以帮助人们学习新的语言。

3. 弘扬文化多样性

社会和文化组织可以推广文化多样性，鼓励人们了解和尊重不同文化的语言和传统。

4. 技术创新

继续研发技术工具，以改善语言交流和理解。例如，自然语言处理技术可以用于翻译和语音识别，帮助人们跨越语言障碍。

5. 互联网素养

提高人们的互联网素养，使他们更能够识别和应对信息过载、虚假信息和网络安全问题。

6. 社交媒体责任

社交媒体平台可以采取措施，减少虚假信息、仇恨言论和不当内容的传播。同时，鼓励积极的网络社交行为。

7. 文化保护

保护小语种和文化的传承，鼓励社区参与文化保护项目。

8. 政策和法规

政府可以制定政策和法规，鼓励语言质量和文化多样性的保护。这包括语言教育政策、文化遗产保护等。

当前语言变化趋势受到数字化时代的影响，呈现出多样化、快速和复杂的特点。这些趋势对我们的交流、文化和社会产生了深远的影响，既有积极的方面，也有负面的方面。为了更好地应对这些变化，需要采取教育、文化保护、技术创新和政策制定等多种措施。同时，我们也需要认识到语言是一个不断演变的工具，它反映了社会和文化的变革，应该保持开放的心态和适应性，以适应不断变化的语言环境。最终，我们应该珍视语言多样性，既保留传统，也积极迎接变革，以确保语言在不同文化和社会中继续发挥其重要作用。

二、技术与全球化对语言的影响

语言是人类最重要的交流工具之一，承载了文化、思想、知识和情感。然而，随着技术的发展和全球化的加深，语言正在经历前所未有的变革和挑战。以下将探讨技术和全球化对语言的影响，包括数字技术、互联网、社交媒体以及全球化的经济和文化影响。

（一）互联网和全球化

1. 互联网连接全球

互联网是全球化的催化剂，它使世界各地的人们能够实现实时的、全球范围内的交流。这导致了多种语言的使用，不仅是英语等全球性语言，还包括本地语言和方言。人们在互联网上发布、分享和交流内容，这反映了语言多样性的重要性。

2. 社交媒体和语言

社交媒体平台如 Facebook、Twitter、Instagram 等已经成为全球性的社交工具。这些平台允许用户使用多种语言发布内容，与来自世界各地的人进行互动。此外，社交媒体也推动了新的网络术语和表达方式的出现，促进了语言的创新和变化。

3. 全球化的商务和文化交流

互联网促进了全球化的商务和文化交流。跨国公司使用多语言网站和应用程序来吸引全球客户，同时文化产业也在全球范围内传播文化产品。这导致了多种语言的广泛使用，有助于文化多样性的维护。

4. 语言变化和混用

互联网和全球化也促使人们在语言使用中更加灵活。人们可能混用多种语言，将不同语言的词汇和表达方式融合在一起。这种语言的混用反映了全球化时代的语言变化趋势。

（二）全球化的经济和文化影响

1. 跨国公司的多语言服务

全球化使许多跨国公司扩展到全球市场，这需要提供多语言的产品和服务。多语言网站、应用程序和客户支持成为常态。这推动了语言服务行业的增长，包括翻译、本地化和多语言内容创作。

2. 文化影响和流行文化

全球化促进了文化的交流和融合。流行文化、电影、音乐和媒体产品可以迅速传播到全球各地，这意味着观众可以使用不同的语言来欣赏这些文化产品。同时，全球流行文化也影响了年轻一代的语言使用和口音。

3. 多语言的广告和营销

跨国公司通常需要在不同国家和地区进行多语言的广告和营销活动。这涉及语言的本地化，以确保广告能够吸引当地受众。多语言广告不仅需要语言的翻译，还需要考虑文化差异和习惯。

三、未来语言变化的预测与展望

语言一直是人类文明的核心组成部分，反映了社会、文化和科技的变化。在不断发展的全球化和数字化时代，语言也在经历前所未有的变化。以下将尝试预测未来语言变化的趋势，并展望这些趋势对我们的社会、文化和交流的可能影响。

（一）语言多样性的维护与威胁

1. 语言多样性的维护

未来，我们可以预见对语言多样性的维护将成为一个重要的议题。越来越多的人认识到语言多样性的价值，尤其是对于小语种和濒危语言的保护。政府、学术界和社会组织将采取措施来记录、教育和传承这些语言，以确保它们不会消失。

2. 全球化的威胁

尽管有语言多样性的维护努力，全球化仍然对一些语言构成威胁。全球范围内的通用语言，如英语、西班牙语和汉语，可能在全球商务和文化交流中占据主导地位，导致其他语言边缘化。这可能引发语言不平等的问题。

3.数字技术的支持

数字技术将在语言多样性的维护中发挥关键作用。数字化媒体、语音识别和翻译工具可以使小语种更容易传播和学习。同时，数字技术也有助于记录和保存濒危语言的材料，以供未来研究和传承之用。

（二）技术对语言的影响

1.机器翻译和语音识别

未来，机器翻译和语音识别技术将继续进步，使跨语言交流更加便捷。这将有助于消除语言障碍，促进全球商务和文化交流。然而，这也可能导致某些语言技能的减弱，因为人们更依赖机器翻译和自动翻译工具。

2.社交媒体和网络文化

社交媒体将继续影响语言的发展。新的网络术语、流行语和表达方式将不断涌现，反映出网络文化的创新。社交媒体还将继续推动全球范围内的语言交流，有助于文化交流和理解。

3.语言个性化

随着数字技术的发展，人们可以越来越个性化地使用语言。语音助手和虚拟助手可以适应个人的语言喜好和口音，使交流更加个性化和自然。

4.新兴技术的影响

新兴技术，如虚拟现实和增强现实，也可能对语言产生影响。这些技术可以创造全新的语言学习和交流体验，将语言与虚拟世界相结合，创造出全新的语言环境。

（三）文化交流和理解

1.跨文化交流的增加

未来，全球化将继续推动跨文化交流的增加。人们将更频繁地与来自不同文化和语言背景的人合作和交流。这将促进文化理解和多元文化共存的意识。

2.文化融合与创新

全球化也将导致文化的融合和创新。不同文化之间的交流将促使新的文化元素和创意涌现。这将反映在语言、文学、音乐、艺术和娱乐等领域。

3. 文化冲突与和解

尽管全球化有助于文化交流，但也可能导致文化冲突。文化差异可能引发误解和冲突，需要更多的跨文化教育和沟通来促进和解。

（四）教育和语言学习

1. 在线教育的崛起

未来，在线教育将继续崛起，包括语言学习。学生可以通过在线课程、虚拟教室和语言学习应用程序来学习新语言。这将提供更多的语言学习机会，使学习更加灵活和个性化。

2. 多语言教育的重要性

教育机构将更加重视多语言教育。学习多种语言将被视为一种重要的技能，有助于促进跨文化理解和国际交流。多语言教育项目将得到更多支持和发展。

3. 文化教育的增强

教育将更加强调文化教育，帮助学生了解不同文化的语言、习惯和价值观。这将有助于提高学生的跨文化敏感性和全球视野。

第四章　英语语境中的语际差异

第一节　语际差异的定义

一、语际差异与语言变种

语言是人类社会中最重要的沟通工具之一，不仅用于传递信息，还承载着文化、历史、身份和社会关系等多重含义。然而，在不同的语际环境中，人们使用的语言可能会发生变化，产生不同的语言变种。以下将探讨语际差异和语言变种，分析其成因、特点以及对社会和文化的影响。

（一）语际差异的概念

语际差异是指不同地理区域或社会群体之间在语言使用方面存在的差异。这些差异可以涵盖语音、语法、词汇、语用学、发音等多个方面。语际差异是语言学研究的一个重要领域，它有助于理解语言如何在不同社会环境中发展和演变。

语际差异的主要成因包括以下几点：

1. 地理因素

不同地理区域的人们可能使用不同的方言或口音。地理因素如地形、气候、地理隔离等都可能影响语言的发展和变化。

2. 社会因素

社会因素包括社会阶层、教育水平、年龄、性别、种族和文化等。不同社会群体之间的交往和社会身份也可能导致语际差异。

3. 历史因素

历史事件、移民、殖民统治等都可能对语言产生深远的影响。历史上的语言接触和文化交流也是语际差异的重要成因。

4. 文化因素

文化价值观、习惯、宗教信仰等因素也会影响语言的使用方式。不同文化背景的人们可能对某些词汇或表达方式有不同的看法。

（二）语际差异的主要特点

1. 语音差异

不同地区或社会群体之间可能存在语音差异，表现为发音方式、重音模式、语调等方面的不同。例如，英国英语和美国英语在发音上有明显的差异，如元音的发音和重音的位置。

2. 语法差异

语际差异还表现在语法结构上，包括句子结构、时态、语态、语气等方面的差异。例如，德语和法语的语法结构在某些方面有显著不同。

3. 词汇差异

不同地区或社会群体可能使用不同的词汇来表示相同的概念。这些词汇差异可能涉及特定的地方用词、俚语或方言。

4. 语用学差异

语际差异还包括语用学差异，即在不同文化或社会背景下，人们使用语言的方式和交际方式可能有所不同。这涉及礼仪、言辞、尊重和社会角色等方面的差异。

5. 发音差异

不同地区或社会群体之间的发音方式可能存在差异。这不仅包括元音和辅音的发音，还包括口音和语音特征的差异。

（三）语言变种的概念

语言变种是指在同一语言系统内，由于地理、社会、文化、历史等原因而形成的不同形式或类型的语言。语言变种可以分为以下几种主要类型：

1. 方言

方言是一种语言变种，通常与特定地理区域或社会群体相关。方言可能包括不同的语音、语法和词汇特点。世界上许多语言都有多种方言。

2. 社会性变体

社会性变体是与社会地位、年龄、性别、种族、教育水平等社会因素相关的语言变种。社会性变体可以表现为不同的发音、词汇、语法和语用学特点。

3. 标准语

标准语是一个被社会认可并被广泛使用的语言变种，通常用于正式场合、教育和媒体。标准语通常是一个国家或地区的官方语言，如普通话、英语标准语等。

4. 专业性变体

专业性变体是与特定职业或领域相关的语言变种。不同专业领域可能有自己的术语、表达方式和语法规则。这有助于专业人士在特定领域进行有效的沟通。

5. 文化性变体

文化性变体是与特定文化或宗教群体相关的语言变种。这些变体可能包括宗教用语、传统表达方式和文化特有的词汇。

语言变种的存在是语言的自然发展结果，反映了社会和文化的多样性。它们通常都有自己的语言规则和特点，但与标准语有密切的联系。

（四）语际差异与语言变种的影响

1. 社会和文化认同

语际差异和语言变种可以成为社会和文化认同的重要标志。人们通常会使用自己地区或社群特有的语言变种来表达自己的身份和归属感。

2. 交际障碍

语际差异和语言变种可能导致交际障碍。当人们使用不同的语音、词汇或语法规则时，可能会造成理解困难，尤其是在跨文化交流中。

3. 社会地位和偏见

某些语言变种可能被视为更正式或更有社会地位的语言，而其他变种则可能被贴上偏见或歧视的标签。这可能导致社会不平等和文化歧视问题。

4. 文化丰富性

语际差异和语言变种丰富了人类文化和语言的多样性。它们反映了不同地区和社会群体的历史、传统和价值观。

5. 语言学研究

语际差异和语言变种为语言学研究提供了丰富的材料和案例。研究这些差异有助于更好地理解语言的发展和变化。

教育和语言政策：语际差异和语言变种对教育和语言政策产生影响。教育系统需要考虑如何处理不同的语言变种，以确保教育的公平性和包容性。

文学和文化表达：语际差异和语言变种在文学和文化表达中扮演着重要角色。作家和艺术家常常使用特定的语言变种来创造作品，以反映特定的文化和社会背景。

（五）语言变种的例子

1. 英语的语言变种

英语是一种具有众多语言变种的语言。英国英语、美国英语、澳大利亚英语、印度英语等都具有各自的语音、词汇和语法特点。例如，英国英语中使用"lorry"来表示卡车，而美国英语则使用"truck"。

2. 汉语的语言变种

汉语也是一种有多种语言变种的语言。普通话是中国的官方语言，但中国的各个地区都有自己的方言和口音。例如，广东话是广东省和香港地区使用的一种方言。

3. 西班牙语的语言变种

西班牙语是一种被广泛使用的语言，不仅在西班牙本土使用，还在拉丁美洲的各个国家使用。每个国家都有自己的口音、词汇和语法规则。例如，西班牙的西班牙语和墨西哥的西班牙语之间存在一些差异。

4. 阿拉伯语的语言变种

阿拉伯语是一种跨国语言，但在不同阿拉伯国家中存在一些差异。这些差异包括发音、词汇和语法规则。

语际差异和语言变种是语言学研究中的重要领域，它们反映了语言如何适应不同的社会、文化和地理环境。了解和尊重这些差异对于促进跨文化交流和理解至关重要。同时，语际差异和语言变种也为语言学家提供了丰富的研究材料，有助于更好地理解语言的发展和演变。最重要的是，语言变种是世界上语言多样性的一个重要体现，它们丰富了人类文化和交流的多样性。

二、语际差异的研究方法

语际差异研究是语言学的一个重要分支，旨在探究不同文化背景下的语言使用差异。了解语际差异对于促进跨文化交流、文化理解以及语言教育都具有重要价值。以下将介绍语际差异研究的方法，包括田野调查、语料库研究、对比研究、实验研究和跨文化交际分析等，以及这些方法在实际研究中的应用。

（一）田野调查

田野调查是一种深入了解特定文化背景下的语言使用的方法。研究者通常会亲自前往研究地点，与当地人交流，并观察他们的语言行为。田野调查的特点包括：

1. 参与式观察

研究者积极参与当地社区，与当地人建立信任关系，并亲身体验当地文化和语言。

2. 访谈和问卷调查

研究者通常会与当地人进行面对面访谈，或者进行问卷调查，以了解他们的语言使用习惯、语音特点、词汇选择等。

3. 文化理解

田野调查不仅关注语言现象，还关注语言背后的文化因素，包括价值观、传统、宗教和社会习惯等。

4. 文化沉浸

研究者通常会在研究地点生活一段时间，以便更好地理解当地文化和语言。

田野调查的优势在于提供深入的文化理解和语际差异的实地数据。然而，这种方法可能需要大量的时间和资源，而且不适用于所有研究问题。

（二）语料库研究

语料库研究是一种基于语言样本和文本数据的方法，用于分析语际差异。研究者通常会收集大规模的语言数据，然后使用计算工具和统计方法进行分析。语料库研究的特点包括：

1. 数据收集

研究者会收集大量的语言样本，这些样本可以来自书籍、报纸、互联网、口头语言等多种来源。

2. 数据标注

语料库研究通常需要对数据进行标注，以便进行语言分析。标注可以包括词性标注、语法标注、语用学标注等。

3. 统计分析

研究者使用统计工具和计算方法来分析语言数据，以发现语际差异的模式和规律。

4. 跨文化比较

语料库研究可以用于跨文化比较，比较不同文化背景下的语言使用差异。

语料库研究的优势在于可以处理大规模的语言数据，发现语际差异的统计显著性。然而，这种方法可能忽略了文化背景和社交语境等因素对语言使用的影响。

（三）对比研究

对比研究是一种将不同文化背景下的语言进行对比分析的方法。研究者通常会选择两种或多种不同的语言或方言进行比较，以发现语际差异和共通之处。对比研究的特点包括：

1. 语言选择

研究者选择具有代表性的语言或方言进行比较研究，以确保研究结果具有普遍性。

2. 结构对比

对比研究通常关注语法结构、词汇差异、语音特点等方面的对比。

3. 语境考虑

研究者需要考虑语境对语言使用的影响，包括社交语境、文化背景和沟通目的等。

4. 文化理解

对比研究也需要考虑文化因素，以理解不同文化背景下的语言差异。

对比研究的优势在于能够明确地比较不同语言或方言之间的差异，有助于理解语际差异的具体特点。然而，这种方法可能忽略了更广泛的语际差异，因为它通常集中在有限的语言对比上。

（四）实验研究

实验研究是一种通过实验设计和控制变量来研究语际差异的方法。研究者通常会设计实验来测试不同文化背景下的语言行为和反应。实验研究的特点包括：

1. 实验设计

研究者设计实验，以控制变量并观察不同文化背景下的语言行为。

2. 受试者招募

实验需要招募受试者，通常包括不同文化背景的人，以便进行比较研究。

3. 数据收集

实验研究通常会使用定量数据采集方法，如问卷调查、实验任务、心理测量等，来收集与语际差异相关的数据。

4. 统计分析

研究者使用统计方法来分析实验数据，以发现不同文化背景下的差异和趋势。

5. 控制变量

实验研究通常会控制其他可能影响语言行为的变量，以确保研究结果的可靠性。

实验研究的优势在于可以通过实验设计来直接测试不同文化背景下的语言行为，同时控制其他因素的影响。然而，实验环境可能与真实生活中的语言使用有所不同，因此需要谨慎解释实验结果。

（五）跨文化交际分析

跨文化交际分析是一种研究不同文化背景下的交际行为和语际差异的方法。这种方法强调社交语境、语用学和交际策略等因素。跨文化交际分析的特点包括：

1. 社交语境分析

研究者关注不同文化背景下的社交语境，包括谁与谁交流、何时、为什么以及在什么地方等。

2. 语用学分析

跨文化交际分析强调语用学，即如何使用语言来表达礼貌、请求、命令等社交行为。不同文化背景下的人们可能对这些行为有不同的期望和规则。

3. 交际策略

研究者分析不同文化背景下的交际策略，包括如何建立关系、解决冲突、表达感情等。

4. 跨文化比较

跨文化交际分析可以用于比较不同文化背景下的交际行为和语际差异，以发现共同点和差异。

跨文化交际分析有助于理解语际差异的社交背景和文化因素，强调了语言使用的社交维度。然而，这种方法通常需要深入的文化理解和社交情境的分析。

（六）语际差异研究的应用领域

语际差异研究在各个领域都有重要的应用，包括以下几个方面：

1. 跨文化交际

了解语际差异有助于促进跨文化交际的成功。在国际商务、外交、文化交流等领域，跨文化交际能力至关重要。

2. 语言教育

语际差异研究对于语言教育非常重要。教育者可以根据不同文化背景的学生的需求和背景来设计教材和课程。

3. 跨文化研究

在人文和社会科学领域，语际差异研究对于文化研究和社会科学研究非常重要。它有助于揭示不同文化之间的联系和差异。

4. 跨国企业和国际市场

在全球化的背景下，了解语际差异对于跨国企业和国际市场非常关键。企业需要考虑不同文化背景的顾客和员工，以确保成功。

语际差异研究是一个跨学科的领域，它涵盖了语言学、文化学、社会学、心理学等多个领域。通过不同的研究方法，研究者可以深入了解不同文化背景下的语言使用差异，从而促进跨文化交流、文化理解和跨文化合作。在一个日益国际化和多元化的世界中，语际差异研究具有重要的现实意义，有助于建立更加包容和和谐的社会。

第二节 英语的地区性变种

一、英语地区性变种概述

英语是世界上使用最广泛的语言之一，但在不同的地区和国家中，英语有着各种各样的地区性变种。这些地区性变种反映了英语在不同文化和语言环境中的发展和演变。以下将探讨英语地区性变种的概念、主要特点、成因以及一些具体的例子，以帮助读者更好地理解这一领域。

（一）英语地区性变种的概念

英语地区性变种，又称为英语方言或英语口音，是指英语在不同地理区域或国家中所表现出来的特定语言特征和语音特点。这些变种通常是在地理、历史、社会和文化因素等多种因素的影响下逐渐形成的。英语地区性变种在语音、词汇、语法和语用学等方面都有所不同，反映了不同地区的语言习惯和文化背景。

英语地区性变种的主要特点包括：

1. 语音差异

不同地区的英语变种在发音方面存在差异，包括语音、语调和语音节奏等。

2. 词汇差异

不同地区的英语变种使用不同的词汇或术语来表示相同的概念，包括地方用语、俚语和文化特有的词汇。

3. 语法差异

英语地区性变种可能在语法结构和句型上存在差异，包括动词时态、名词性物主代词等。

4. 语用学差异

不同地区的英语使用者可能在语用学方面有不同的社交规则和礼仪，包括交际方式、礼貌用语等。

5. 文化背景

地区性变种反映了不同地区的文化、社会习惯和历史背景。这些因素会影响英语的使用方式。

（二）英语地区性变种的主要类型

英语地区性变种种类繁多，下面是一些主要的类型：

1. 英国英语

英国是英语的故乡，拥有多种英语地区性变种。伦敦英语、苏格兰英语、威尔士英语、北爱尔兰英语等都具有自己的语音、词汇和语法特点。

2. 美国英语

美国英语是英语中最广泛使用的地区性变种之一。它包括南部英语、东部英语、西部英语、北部英语等。美国英语的特点包括一些独特的发音和拼写。

3. 澳大利亚英语

澳大利亚英语是澳大利亚国内使用的英语变种，具有自己的语音、词汇和语法规则。它通常被认为与英国英语更为接近。

4. 加拿大英语

加拿大英语受到英国英语和美国英语的影响，但也有自己的特点。加拿大英语在发音、拼写和词汇上有一些差异。

5. 新西兰英语

新西兰英语是新西兰国内使用的英语变种，它有一些特殊的发音和词汇。

6. 南非英语

南非英语是南非国内使用的英语变种，它受到多种语言的影响，包括荷兰语、德语、祖鲁语等。

7. 印度英语

印度英语是印度国内使用的英语变种，它在词汇和语法方面受到印度文化和语言的影响。

8. 加勒比英语

加勒比地区的英语变种也有其独特的特点，受到非洲语言和当地文化的影响。

这些是英语地区性变种的一些主要类型，但实际上，世界各地还有许多其他地区性变种，每个地方都有其独特的英语风格和特点。

（三）英语地区性变种的成因

英语地区性变种的形成是复杂多样的，受到多种因素的影响，主要包括：

1. 历史因素

英国殖民时代的扩张和殖民地的建立在世界各地形成了不同的英语变种。殖民地的英语在与当地语言和文化的接触中发生了变化。

2. 移民和迁徙

移民和迁徙导致了英语在不同地区传播和演变。移民和迁徙的人们将自己的语言习惯和语音特点带入新的地区，从而影响了当地英语的发展。

3. 社会和文化因素

不同地区的社会和文化因素对英语的使用产生了影响。这包括宗教、价值观、传统、社会习惯和文化交流等方面的因素。

4. 语音演化

语音演化是英语地区性变种形成的一个重要因素。不同地区的发音习惯可能受到地理和语音环境的影响。

5. 语言接触

不同语言和方言之间的接触会导致语言变种的形成。语言接触可以导致借词、语法借鉴和语音转变等现象。

6. 社交因素

社交因素如社交群体、社会阶层、年龄和性别等也会影响英语地区性变种的形成。不同社交群体之间可能有不同的语言习惯和规则。

7. 教育和媒体

教育和媒体在传播标准英语方面起到重要作用，但也可能对地区性变种的形成产生影响。教育和媒体可以推动标准化，也可以保留地区特色。

总的来说，英语地区性变种的形成是一个复杂而多元化的过程，受到多种因素相互作用的影响。这些因素共同塑造了不同地区的英语变种，使之具有各自的独特性。

（四）英语地区性变种的重要性

英语地区性变种具有重要的文化、社交和教育价值，对于不同领域都有影响：

1. 文化丰富性

英语地区性变种丰富了英语的语言和文化多样性。它们反映了不同地区的历史、传统和文化背景，有助于保护和传承当地的语言遗产。

2. 文化认同

地区性变种对于人们的文化认同和身份感有重要影响。它们使人们能够表达自己所属地区的独特性。

3. 文学和艺术

地区性变种在文学、音乐、戏剧和电影等艺术领域中起到了重要作用。它们为创作者提供了丰富的语言资源和表达方式。

4. 跨文化交流

了解不同地区的英语变种有助于促进跨文化交流和理解。在国际合作、商务交往和外交关系中，对英语地区性变种的理解和尊重是成功交流的关键。

5. 语言教育

英语地区性变种对语言教育也具有重要影响。教育者需要考虑不同地区学生的语言背景和需求，以提供更有针对性的教育。

6. 社会研究

社会科学领域的研究人员可以通过分析英语地区性变种来深入了解不同地区的社会、文化和历史因素。

总的来说，英语地区性变种不仅是语言的一种表现形式，也是文化的载体和社交的媒介。它们在维护文化多样性、促进跨文化交流和丰富语言表达方面具有重要价值。

英语地区性变种是英语语言的多样性体现，反映了不同地区和国家的语音、词汇、语法和文化差异。这些变种在语言的历史演变、社会文化和语言交流中起到了重要作用。了解英语地区性变种有助于促进跨文化交流、文化理解和教育。在全球化的今天，英语地区性变种的重要性愈发凸显，它们是丰富多彩的英语语言家庭中的重要一员，应该受到尊重和保护。

通过深入了解英语地区性变种，人们可以更好地欣赏和理解世界各地的英语使用者，促进全球文化的多样性和共融。在英语不断演变的过程中，地区性变种既是一种语言现象，也是文化和社会的反映，对于维护和传承不同地区的语言遗产至关重要。因此，英语地区性变种应该被视为英语语言多样性的珍贵财富，值得我们深入研究和尊重。

二、其他英语地区性变种

英语是一门全球通用的语言，因此在不同的地区和国家中会出现各种地区性变种，这些变种通常被称为"英语地区性口音"或"英语方言"。这些方言反映了当地文化、历史和社会因素对语言的影响，使英语在不同地区中具有独特的特点。以下将探讨一些英语的地区性变种，包括澳大利亚英语、加拿大英语、印度英语、南非英语和爱尔兰英语，以及它们的语音、语法和词汇差异。

（一）澳大利亚英语

澳大利业英语是澳大利亚国家语言，具有独特的地区性特征。以下是一些澳大利亚英语的主要特点：

1. 语音特点

澳大利亚英语的语音特点包括对短元音的特殊发音，如将"i"音发成/I/，将"e"音发成/æ/。此外，澳大利亚英语通常具有较平坦的音调，较美式英语和英式英语更加平稳。

2. 词汇差异

澳大利亚英语在词汇上与英式英语和美式英语有一些不同之处。例如，澳大利亚英语使用"barbie"来指代烧烤，而英式英语中通常使用"barbecue"。此外，一些俚语词汇和缩略语在澳大利亚英语中更为常见。

3. 拼写规则

澳大利亚英语通常采用英式英语的拼写规则，但也有一些例外。例如，澳大利亚英语通常将"-our"结尾的词汇如"colour"拼写成"-or"，与美式英语更相似。

（二）加拿大英语

加拿大英语是加拿大的官方语言之一，与美式英语和英式英语都有一些相似之处，但也有自己的地区性特征：

1. 语音特点

加拿大英语的语音特点受到法国和英国的影响，因为加拿大有一部分人口使用法语。在一些地区，如魁北克，法语的语音特点可能会对英语产生影响。此外，加拿大英语通常将长元音拉长，如在词汇"about"中的 /aʊ/ 音。

2. 词汇差异

加拿大英语在词汇上有一些与美式英语不同的特点。例如，加拿大英语中使用"toque"来指代冬季帽子，而美式英语使用"knit cap"；加拿大英语中的"loonie"和"toonie"分别指代一元硬币和两元硬币。

3. 拼写规则

加拿大英语通常采用英式英语的拼写规则，如将"-our"结尾的词汇拼写成"-our"。

（三）印度英语

印度英语是印度的官方语言之一，具有丰富的多样性，因为印度有许多不同的语言和方言。以下是一些印度英语的主要特点：

1. 语音特点

印度英语的语音特点受到印度本土语言的影响，包括音调的变化和较强的浊化音。印度英语通常在语音上比英式英语更接近印度的语音特点。

2. 词汇差异

印度英语中有许多与印度文化和社会相关的特定词汇。例如，印度英语中使用"bungalow"来指代单层住宅，而在其他英语变体中，它通常指代度假屋。

3. 语法差异

印度英语的语法结构可能与英式英语和美式英语有一些不同，尤其是在句子结构和动词时态方面。

（四）南非英语

南非英语是南非的官方语言之一，具有多样化的语言特点，反映了南非多元文化和多语言社会的影响。以下是一些南非英语的主要特点：

1. 语音特点

南非英语的语音特点受到南非其他语言的影响，如它的辅音发音可能与荷兰语、南非荷兰语和科萨语等语言有相似之处。

2. 词汇差异

南非英语中有一些与南非文化和社会相关的特定词汇。例如，南非英语中的"robot"是指交通信号灯，而在其他英语变体中通常指机器人。

3. 语法差异

南非英语的语法可能与英式英语和美式英语有一些不同，尤其是在句子结构和动词时态方面。

（五）爱尔兰英语

爱尔兰英语是爱尔兰的官方语言之一，具有独特的地区性特征，与英式英语有很大的相似之处。以下是一些爱尔兰英语的主要特点：

1. 语音特点

爱尔兰英语的语音特点通常较接近英式英语，但也有一些独特的特点。例如，爱尔兰英语中的 /r/ 音常常更加明显，类似于美国南部口音中的 /r/ 音。

2. 词汇差异

爱尔兰英语中有一些与爱尔兰文化和社会相关的特定词汇。例如，爱尔兰英语中的"craic"用来表示欢乐和娱乐，而在其他英语变体中通常没有这个词。

3. 语法差异

爱尔兰英语的语法结构可能与英式英语和美式英语有一些不同，尤其是在句子结构和动词时态方面。

这些英语的地区性变种反映了各个国家和地区的独特文化和历史背景，使英语成为一门多样化而丰富的语言。对于英语学习者和跨文化交流者来说，了解这些差异是非常有益的，因为它们有助于更好地理解不同地区的英语使用者并与之沟通。此外，这些地区性变种也丰富了英语的文化和语言遗产，为世界各地的人们提供了更广泛的语言体验和文化交流机会。

第三节 语际差异的语音特点

一、语音差异的案例研究

语音差异是不同英语方言之间的显著特征之一。这些差异可以涉及发音、重音和音调等方面，有时候甚至在相邻的地理区域之间也会出现明显的差异。以下我们将通过案例研究探讨一些典型的语音差异，包括元音、辅音和重音，以深入了解英语地区性变体之间的语音差异。

（一）元音的语音差异

1./æ/ 音的发音差异

英式英语和美式英语之间在 /æ/ 音的发音上存在明显的差异。在英式英语中，/æ/ 音通常发作 [æ]，如"cat"[kæt]。而在美式英语中，/æ/ 音更接近 [eə]，例如，"cat"[kɛt]。这种差异在一些词汇中特别明显，如英式英语中的"dance"[dɑːns] 对应美式英语的"dance"[dæns]。

2./ɑː/ 音的发音差异

英式英语和美式英语在 /ɑː/ 音的发音上也存在差异。在英式英语中，/ɑː/ 音通常更加开放，发作 [ɑː]，如"bath"[bɑːθ]。而在美式英语中，/ɑː/ 音更接近 [ɑ]，如"bath"[bæθ]。这种差异还表现在一些词汇中，如英式英语的"laugh"[lɑːf] 对应美式英语的"laugh"[læf]。

3./ə/ 音的发音差异

英式英语和美式英语在 /ə/ 音的发音上也存在差异。在英式英语中，/ə/ 音通常发作 [ə]，如"sofa"[ˈsəʊfə]。而在美式英语中，/ə/ 音更接近 [ʌ]，如"sofa"[ˈsʌfə]。这种差异在一些常用词汇中特别明显，如英式英语的"schedule"[ˈʃedjuːl] 对应美式英语的"schedule"[ˈskɛdʒuːl]。

（二）辅音的语音差异

1./r/ 音的发音差异

/r/ 音的发音在英式英语和美式英语之间有重大差异。在英式英语中，/r/

音通常是非常轻微的或者干脆不发音,如"car"[kɑ:]或"better"[ˈbetə]。而在美式英语中,/r/音通常更加明显,如"car"[kɑ:r]或"better"[ˈbɛtər]。这种差异导致了一些词汇的不同发音,如英式英语的"herb"[h3:b]对应美式英语的"herb"[h3rb]。

2./t/音和/d/音的发音差异

在某些方言中,英式英语和美式英语中/t/音和/d/音的发音差异也很显著。在英式英语中,/t/音和/d/音通常是浊音(如"water"[ˈwɔ:tə]和"butter"[ˈbʌtə]),而在美式英语中,它们通常是清音(如"water"[ˈwɑ:tər]和"butter"[ˈbʌtər])。这种差异在口音上非常明显,影响了一些常见词汇的发音。

3./θ/音和/ð/音的发音差异

英式英语和美式英语在/θ/音和/ð/音的发音上也存在差异。在英式英语中,/θ/音发作[θ],如"think"[θɪŋk];而/ð/音发作[ð],如"this"[ðɪs]。而在美式英语中,/θ/音和/ð/音通常更接近,如"think"[θɪŋk]和"this"[ðɪs]。这种差异在一些单词的发音上很明显,如英式英语的"breathe"[bri:ð]对应美式英语的"breathe"[bri:θ]。

语音差异是英语地区性变体之间的显著特点之一。美式英语和英式英语之间的语音差异包括/r/音的发音、/t/音和/d/音的发音、/θ/音和/ð/音的发音以及重音的位置等方面的差异。这些差异反映了不同地区的文化、历史和社会因素对语言的影响。了解这些差异有助于更好地理解不同地区的英语使用者,并提高跨文化交流的能力。对于英语学习者来说,熟悉这些差异也有助于改善口音和发音,使他们的英语表达更加自然和流利。最终,语音差异丰富了英语的多样性,为世界各地的人们提供了更广泛的语言体验和文化交流机会。

二、语音差异对口音的影响

语音差异是英语地区性变体之间的显著特点之一,对口音的形成和表现产生深远影响。不同地区的英语方言有不同的语音特点,包括元音、辅音、音节重音和音调等方面的差异。这些差异不仅反映了文化、历史和地理因素的影响,还塑造了人们的口音,影响他们在不同地区的沟通和交流。以下将探讨实际表现和学习/改善口音的重要性。

了解语音差异以及它们对口音的影响对于英语学习者和跨文化交流者非常重要。以下是一些理由：

1. 提高沟通效果：

具备良好的口音和发音能够提高与其他英语使用者的沟通效果。正确的发音和重音有助于避免误解和沟通障碍。

2. 提高口语可懂度

良好的口音和发音使您的口语更容易被其他人理解。这对于在英语为母语的国家工作、学习或生活的人来说尤为重要。

3. 增加自信心

掌握正确的口音和发音可以提高自信心，使您在英语口语交流中感到更加自在。

4. 减少歧视

某些口音可能会在某些情况下导致歧视或偏见。通过学习标准的口音和发音，可以减少这种可能性。

5. 提高职业机会

在一些职业领域，如国际商务和教育，具备良好的口音和发音是一个重要的职业资产。这可以增加在全球范围内工作的机会。

6. 促进跨文化交流

通过学习不同地区的口音和发音，可以更好地理解不同文化背景的人们，促进跨文化交流和合作。

为了学习或改善口音，可以考虑以下方法：

1. 语音教育课程

参加语音教育课程可以帮助您改善口音和发音。这些课程通常由专业语音教师或语音教育机构提供。

2. 听力练习

通过反复听不同口音的英语语音材料，可以培养对不同口音的敏感性，帮助您更好地理解和模仿不同口音。

3. 语音识别应用程序

一些语音识别应用程序可以帮助您分析和改善发音，提供个性化的语音反馈。

4. 与母语者互动

与具有不同口音的母语者互动，可以帮助您更好地适应和模仿他们的口音。

5. 自我录音和反馈

录制自己的口音并进行反馈可以帮助您识别和改善发音上的问题。

语音差异是英语地区性变体之间的显著特点之一，对口音的形成和表现产生深远影响。了解这些差异的因素以及它们对口音的具体影响对于英语学习者和跨文化交流者来说非常重要。具备良好的口音和发音可以提高沟通效果、口语可懂度、自信心，并增加职业机会。学习或改善口音的方法包括语音教育课程、听力练习、语音识别应用程序、与母语者互动以及自我录音和反馈。通过不断练习和适应，您可以改善口音，使自己的英语口语更加流利和自然。最终，语音差异丰富了英语的多样性，为世界各地的人们提供了更广泛的语言体验和文化交流机会。

第五章　英语中的跨文化沟通策略

第一节　跨文化沟通策略的重要性

一、跨文化适应的挑战

随着全球化的不断发展，人们之间的跨文化交流和跨文化移居变得越来越常见。尽管跨文化经验可以丰富个人的生活，但它也带来了一系列挑战，需要适应不同的文化背景、价值观和社会规范。以下将探讨跨文化适应的挑战，包括文化差异、语言障碍、文化冲突、逆文化冲击以及心理适应和身体适应等方面的问题。

（一）文化差异

1. 价值观和信仰

不同文化具有不同的价值观和信仰体系。当个体从一种文化迁移到另一种文化时，可能会遇到与自己原有价值观和信仰相冲突的情况。例如，一个个体可能来自一种重视个人主义和竞争的文化，但搬到一种强调集体主义和合作的文化中，这种价值观差异可能会引发不适感。

2. 社会规范和礼仪

不同文化具有不同的社会规范和礼仪。一个人在新文化中可能不熟悉或误解当地的社交规则，导致尴尬或不适。例如，在一些文化中，特定的手势或行为可能被视为冒犯，而在其他文化中则完全正常。

3. 时间观念

一些文化注重准时和高效率，而其他文化可能更注重灵活性和放松。这种时间观念的差异可能导致在日常生活和工作中的挫折感和冲突。

4. 社会结构和身份

不同文化中的社会结构和身份认同可能会导致个体感到困惑。在一些文化中，社会地位和职业身份可能更加重要，而在其他文化中，个体的家庭和社交关系可能更加强调。

5. 饮食和生活方式

文化差异还体现在饮食和生活方式上。一个人可能需要适应不同的食物、饮食习惯和生活习惯，这可能对身体健康和生活舒适度产生影响。

（二）语言障碍

语言是跨文化适应的核心挑战之一。语言障碍可能包括以下问题：

1. 语言沟通困难

当个体不懂或不能流利地使用新文化的语言时，他们可能会在日常生活中遇到沟通困难。这可能导致误解、误导、孤立感和挫折感。

2. 文化差异的语言表达

即使个体能够使用新文化的语言，他们可能仍然不理解当地的文化隐喻、俚语和非语言交流方式。这可能导致误解和不适。

3. 语言歧视

有时，个体可能会面临来自当地人的语言歧视或歧视性言论，这会对他们的自尊心和情感健康产生负面影响。

4. 社交障碍

语言障碍可能会导致社交障碍，使个体难以建立亲密关系或参与社交活动。

5. 职业机会限制

语言障碍可能限制个体在新文化中找到合适的职业机会，从而影响他们的经济状况和生活质量。

（三）文化冲突

文化冲突是跨文化适应中的常见挑战之一。文化冲突可能包括以下情况：

1. 价值观冲突

不同文化的价值观差异可能导致冲突和不理解。例如，在一种文化中，个人主义和竞争可能被视为美德，而在另一种文化中，集体主义和合作可能更受重视。

2. 社会规范冲突

不同文化的社会规范和礼仪可能会导致冲突。一个人可能会误解或不遵守当地的社交规则，导致尴尬或不适。

3. 语言障碍引发冲突

语言障碍可能导致误解和冲突。个体可能会因为无法清晰地表达自己的意思而引发误解，从而导致冲突。

4. 文化冲突的情感影响

文化冲突可能对个体的情感健康产生负面影响，包括焦虑、抑郁和孤独感。

（四）逆文化冲击

逆文化冲击是指个体在跨文化适应过程中，逐渐适应新文化后，再次回到自己的原始文化时所面临的挑战。逆文化冲击可能包括以下问题：

1. 反感或不适感

个体可能会感到对自己原始文化的反感或不适感，因为他们已经习惯了新文化的方式。

2. 身份认同挑战

在跨文化适应的过程中，个体的身份认同可能会发生变化。当他们返回自己的原始文化时，可能会面临对自己身份的重新思考和适应。

3. 人际关系变化

逆文化冲击可能会对个体的人际关系产生影响。他们可能发现自己与原始文化中的朋友和家人产生隔阂，因为他们的经历和价值观已经发生变化。

4. 逆文化冲击的情感影响

逆文化冲击可能对个体的情感健康产生负面影响，包括焦虑、抑郁和孤独感。

（五）心理适应和身体适应

跨文化适应可能对个体的心理和身体健康产生影响。以下是一些可能的挑战：

1. 心理适应困难

个体可能会面临适应新文化的心理压力。文化冲突、语言障碍和逆文化冲击都可能对心理健康产生负面影响。

2. 文化冲击和逆文化冲击对情感健康的影响

文化冲击和逆文化冲击可能导致焦虑、抑郁和情感不稳定。

3. 社会孤立

在新文化中缺乏社交支持系统的个体可能会感到孤立和孤独,从而对心理健康产生负面影响。

4. 身体健康问题

跨文化适应也可能对身体健康产生影响。饮食和生活方式的改变、环境变化和文化冲突都可能对身体健康产生影响。

面对跨文化适应的挑战,个体可以采取以下措施来更好地应对:

1. 教育和培训

参加跨文化培训和教育课程,了解不同文化的知识、技能和态度,以更好地应对文化差异和冲突。

2. 支持系统

建立社交支持系统,与其他经历跨文化适应的人分享经验,互相支持和交流。

3. 心理健康

重视心理健康,学习应对压力、焦虑和抑郁,如有需要可寻求专业心理健康帮助。

4. 学习语言和文化

努力学习新文化的语言、历史和习俗,提高自己的跨文化交流能力。

5. 适应性

保持开放的心态,适应新文化,但也不要忘记自己的文化根源,找到平衡。

6. 寻求媒介和资源

借助跨文化专业机构、社交媒体、书籍和互联网资源,获取有关跨文化适应的信息和建议。

跨文化适应是一个复杂的过程,涉及对不同文化背景、价值观和社会规范的理解、尊重和适应。文化差异、语言障碍、文化冲突、逆文化冲击以及心理适应和身体适应等因素都可能对个体的适应过程产生挑战。然而，通过积极的教育和培训、社交支持、心理健康关注、学习语言和文化，以及积极的适应性，个体可以更好地应对这些挑战，实现更顺利的跨文化适应。跨文化适应的经验可以丰富个人的生活，拓宽视野，促进全球化和文化多样性的理解和尊重。

二、跨文化沟通成功的因素

在当今全球化的世界中，跨文化沟通已经成为商业、教育、国际关系以及日常生活的常态。人们经常需要与来自不同文化背景的人们交往、合作和沟通。然而，跨文化沟通并不容易，因为不同的文化背景可能导致误解、冲突和沟通障碍。以下将探讨成功的跨文化沟通的关键因素，以帮助个人和组织更好地应对跨文化沟通的挑战。

（一）文化意识和敏感性

1. 理解文化差异

跨文化沟通的第一步是理解不同文化之间的差异。个体需要了解不同文化的价值观、信仰、习惯、社会规范、语言和沟通风格等方面的差异。这种文化意识有助于避免误解和冲突。

2. 尊重文化多样性

尊重和接受不同文化的存在和多样性是成功的跨文化沟通的关键。个体需要保持开放的心态，愿意接受其他文化的观点和习惯，而不是将自己的文化标准强加给他人。

3. 适应性和灵活性

个体需要具备适应不同文化环境的能力。这包括适应不同的社交规则、礼仪和沟通方式，以确保与不同文化背景的人们建立良好的关系。

4. 学习和教育

积极学习关于不同文化的知识和技能，参加跨文化培训和教育课程，以提高自己的文化意识和敏感性。

（二）语言能力和交流技巧

1. 流利的语言能力

具备流利的语言能力是成功的跨文化沟通的关键。如果个体能够流利地使用目标文化的语言，他们将更容易理解和被理解，减少了误解的可能性。

2. 非语言沟通：除了语言能力，个体还需要注意非语言沟通，如面部表情、手势、姿态和目光接触。不同文化可能对非语言沟通有不同的解读，因此了解这些差异并适应它们是重要的。

3. 倾听技巧：倾听是成功的跨文化沟通的重要组成部分。个体需要倾听对方的观点和感受，尊重他们的声音，以建立有效的互动。

4. 清晰表达：个体需要清晰地表达自己的意见和需求，避免模糊不清的语言表达，以减少误解和混淆的可能性。

（三）跨文化沟通的心态

1. 开放的心态

个体需要保持开放的心态，愿意接受不同文化的观点和习惯。这种积极的心态有助于建立信任和良好的关系。

2. 文化敏感性

个体需要具备文化敏感性，即能够理解和尊重不同文化背景的人们。这包括对不同文化的价值观、信仰和习惯的尊重。

3. 耐心和耐性

跨文化沟通可能会需要更多的耐心和耐性。由于语言障碍、文化差异和沟通障碍，沟通可能会更加复杂和耗时。

4. 自我意识

了解自己的文化背景和偏见是成功的跨文化沟通的一部分。个体需要认识到自己的文化背景可能影响他们的看法和行为，从而更好地理解和适应他人。

（四）适当的沟通工具和技术

1. 跨文化培训

接受跨文化培训和教育，以提高跨文化沟通的技能和意识。这些培训通常涵盖文化差异、语言技能、非语言沟通和跨文化冲突解决技巧等方面。

2.跨文化团队

建立多元文化的工作团队或社交圈子,以获得更多的跨文化经验,学习并分享不同文化的知识和技能。

3.跨文化媒体

利用跨文化媒体和资源,如书籍、电影、互联网和社交媒体,以获取关于不同文化的信息和见解。

4.跨文化媒体

利用跨文化媒体和资源,如书籍、电影、互联网和社交媒体,以获取关于不同文化的信息和见解。

5.在线翻译工具

借助在线翻译工具,可以更容易地理解和使用不同文化的语言。

(五)适应文化差异的策略

1.灵活性和适应性

个体需要具备适应不同文化环境的灵活性和适应性。这包括适应不同的社交规则、礼仪和沟通方式,以确保与不同文化背景的人们建立良好的关系。

2.尊重差异

个体需要尊重和接受不同文化的存在和多样性。尊重他人的文化背景、价值观和习惯是建立互信的基础。

3.解决冲突

跨文化沟通中可能会出现冲突和误解。个体需要具备解决冲突的技能,包括倾听对方的观点、表达自己的需求,并寻找共同的解决方案。

4.寻求反馈

向对方寻求反馈,了解自己的沟通效果如何。这有助于及时纠正误解和改进沟通技巧。

(六)文化差异的认知和适应

1.学习和研究

积极学习目标文化的语言、历史、宗教、习俗和社会规范。了解文化的背景和历史有助于更好地理解文化差异。

2. 与当地人互动

与当地人建立联系和友谊，积极参与当地的社交活动和文化体验，有助于更好地融入文化并学习文化差异。

3. 尊重当地文化

尊重和遵守目标文化的规则和习惯，避免冒犯当地人。这包括对当地宗教、风俗和社交规则的尊重。

4. 保持开放的心态

保持开放的心态，愿意接受新的文化体验和观点。不要将自己的文化标准强加给其他文化，而是尝试理解和适应当地的文化。

（七）跨文化沟通中的文化冲突解决

1. 倾听和理解

在文化冲突出现时，首先要倾听和理解对方的观点和感受。了解对方的立场有助于解决冲突。

2. 表达自己的观点

清晰地表达自己的观点和需求，但要注意语气和方式，避免激化冲突。

3. 寻找共同点

尝试找到双方共同的立场和利益，以建立共识和解决冲突。

4. 第三方调解

如果冲突无法解决，可以寻求第三方的帮助，如中立的调解人或文化顾问，以协助解决冲突。

（八）文化敏感性的培养

1. 文化敏感性培训

接受文化敏感性培训，以提高对不同文化背景的敏感性和理解。这种培训通常包括角色扮演、案例研究和模拟跨文化情境。

2. 多元文化团队

加入多元文化的团队或组织，与不同文化背景的人们共事，积极学习和分享跨文化经验。

3. 跨文化阅读和研究

阅读有关跨文化交流和文化差异的书籍和研究，以扩大对不同文化的理解。

成功的跨文化沟通是一个复杂的过程，涉及多方面的技能和意识。文化意识和敏感性、语言能力和交流技巧、跨文化沟通的心态、适当的沟通工具和技术、适应文化差异的策略、文化差异的认知和适应，以及跨文化沟通中的文化冲突解决，都是成功的跨文化沟通的关键因素。

个体和组织可以通过积极的培训和教育、社交支持、多元文化团队的建立，以及跨文化媒体和资源的利用，来提高跨文化沟通的能力。跨文化沟通的成功不仅可以促进个体之间的理解和合作，还可以促进全球化和文化多样性的尊重和发展。因此，跨文化沟通的重要性不容忽视，个体和组织应该不断努力提高这一关键技能。

第二节 语言的调整与适应

一、语言调整概述

语言是人类交流和表达思想的重要工具。然而，在不同的社交和文化背景下，人们可能会采用不同的语言和语言风格来适应不同的情境和对话伙伴。这种语言的适应性和可塑性被称为语言调整。语言调整是一个复杂而多层次的概念，涉及个体在不同情境中的语言选择、语音特征、词汇和语法的变化，以及与对话伙伴之间的文化和社交交往的关系。以下将深入探讨语言调整的概念，探讨其重要性、影响因素和实际应用。

（一）语言调整的定义

语言调整，又称为语言变通或语言可塑性，指的是个体根据不同的情境、对话伙伴和交际目的，有意识或无意识地调整其语言和语言风格的能力。这种能力使个体能够更好地适应不同的沟通环境，提高交流的有效性和效率。语言调整包括多个方面，包括语音、词汇、语法和社交交往。

语言调整是一种非常普遍的现象，人们通常在日常生活中不自觉地进行语言调整，以适应不同的社交情境。例如，当与家人亲戚交流时，个体可能使用亲近、随意的语言风格，而在正式场合或与陌生人交往时，可能会采用更正式、规范的语言。这种语言的适应性有助于保持社交和文化的和谐，减少误解和冲突的可能性。

（二）语言调整的重要性

语言调整在人际交往和社交互动中发挥着重要的作用，具有多方面的重要性：

1. 有效的沟通

语言调整使个体能够更好地理解和被理解。通过使用与对话伙伴相匹配的语言风格和词汇，沟通的效果更佳，信息的传递更清晰，减少了误解和混淆的可能性。

2. 社交和文化适应

语言调整有助于个体在不同的社交和文化环境中更好地融入，建立良好的关系。在特定文化中使用适当的礼仪和社交规则，可以增强社交交往的亲近感和和谐。

3. 信任和尊重

使用适当的语言调整表现出对对话伙伴的尊重和理解。这有助于建立信任，减少冲突和误解的风险。

4. 职业和学术成功

在职场和学术领域，语言调整可以提高个体的职业和学术成功的机会。在不同的专业和文化背景中，适应性强的人更容易获得认可和合作机会。

5. 跨文化交流

在国际交往和跨文化沟通中，语言调整尤为重要。能够适应不同国家和地区的语言和文化，有助于建立国际关系和合作。

6. 文化多样性的尊重

语言调整有助于促进文化多样性的尊重和保护。通过适应不同文化的语言和习惯，可以减少文化冲突和歧视。

（三）影响语言调整的因素

语言调整是一个复杂的现象，受多种因素的影响。了解这些影响因素有助于更好地理解为什么个体会进行语言调整，以及如何进行语言调整。以下是一些主要的影响因素：

1. 社交情境

社交情境是语言调整的主要影响因素之一。个体通常会根据社交情境的正式性、隐私程度和亲疏关系来调整语言。例如，在与家人和朋友交流时，语言可能更随意和亲近；而在工作场合或正式会议上，语言可能更正式和规范。

2. 对话伙伴

对话伙伴的身份和文化背景也会影响语言调整。个体通常会根据对话伙伴的年龄、性别、社会地位、文化背景和语言水平来选择合适的语言风格和词汇。

3. 目的和目标

个体进行语言调整的目的和目标也是重要的因素。例如，如果个体的目标是建立亲近的关系，他们可能会选择更亲近、随意的语言风格；如果目标是正式的商务会议，他们可能会选择更正式的语言。

4. 文化背景

个体的文化背景和价值观也会影响语言调整。不同文化中的语言和沟通风格有很大的差异，个体通常会受到自己文化背景的影响。

5. 语言能力

个体的语言能力和流利度会影响他们的语言调整能力。如果一个人不流利地使用某种语言，他们可能会更依赖非语言沟通和肢体语言来弥补语言能力的不足。

6. 文化敏感性

文化敏感性是一个个体是否愿意和能够适应不同文化的重要因素。具有高度的文化敏感性的个体更容易进行语言调整，避免文化冲突和误解。

（四）语言调整的实际应用

语言调整是一种实际而常见的行为，存在于各种情境和领域中。以下是一些实际应用的例子：

1. 职场沟通

在职场中，个体通常需要进行语言调整，以适应不同的职业情境。例如，正式的商务会议可能需要使用正式和专业的语言，而与同事聊天则可能更随意。

2. 跨文化交流

在国际交往和跨文化沟通中，语言调整尤为重要。个体需要根据不同国家和地区的文化背景来选择适当的语言和沟通方式。

3. 家庭和社交互动

在家庭和社交互动中，个体通常会根据亲疏关系和社交情境来进行语言调整。与亲人亲友的交流可能更随意，而与陌生人的交往可能更正式。

4. 学术和专业领域

在学术和专业领域，个体通常需要使用特定的学术术语和专业术语，以与同行和专业人士进行有效的交流。

5. 媒体和公共演讲

在媒体和公共演讲中，个体通常会进行语言调整，以适应不同受众的需求和期望。例如，政治家可能会在不同的选民群体中采用不同的语言风格。

6. 在线和社交媒体

在在线和社交媒体上，个体通常会根据受众和平台来选择适当的语言和沟通方式。社交媒体上的沟通可能更随意和非正式，而专业平台上的沟通可能更正式和规范。

语言调整是人际交往和社交互动中的重要现象，具有广泛的应用和影响。个体通常会根据社交情境、对话伙伴、目的和文化背景来进行语言调整，以提高交流的效果和效率，建立良好的关系，减少误解和冲突的可能性。了解语言调整的概念和影响因素对于更好地理解和应用在不同情境中至关重要。以下是一些总结和进一步的思考：

1. 文化多样性的重要性

语言调整是文化多样性的一部分，促进了不同文化之间的互动和尊重。在全球化时代，具备语言调整能力的个体更容易建立跨文化的关系，促进跨国合作和理解。

2. 教育和培训的作用

教育和培训可以帮助个体提高语言调整的能力。学习不同文化的背景和语言习惯，参加跨文化培训，以及进行模拟情境的训练都有助于提高语言调整的技能。

3.跨文化交际的挑战

跨文化交际可能会面临一些挑战,包括误解、文化冲突和沟通障碍。然而,通过积极的语言调整,可以减少这些挑战的发生和影响。

4.个体差异

不同个体在语言调整方面可能存在差异。一些人可能更容易进行语言调整,而另一些人可能需要更多的练习和努力。然而,每个人都可以通过学习和实践来改善自己的语言调整能力。

5.社交和情感因素

除了文化和情境因素,个体的社交和情感因素也会影响语言调整。个体可能会受到情感状态、情感投入和与对话伙伴之间的关系影响,从而选择不同的语言风格和沟通方式。

总之,语言调整是一种复杂而重要的能力,对于有效的沟通、跨文化交流和文化多样性的尊重至关重要。个体可以通过学习、培训和积极的实践来提高自己的语言调整能力,以更好地适应不同的社交情境和文化环境。在全球化的时代,具备良好的语言调整能力将成为一个有竞争力的优势,有助于建立成功的个人和职业关系。

二、外语使用与语境适应

在当今全球化的社会中,外语使用已成为重要的生活技能和职业需求。人们在各种情境中使用外语,不仅是为了跨文化交流,还为了国际商务、学术研究、旅游和文化交流等目的。然而,外语使用并非一成不变,而是需要根据不同的语境和情境进行适应。以下将探讨外语使用与语境适应的概念、重要性、影响因素以及实际应用。

(一)外语使用与语境适应的定义

1.外语使用

外语使用指的是在不同语言环境中使用非母语的语言。这包括口头交流、书面沟通和听力理解等各种形式。外语使用可以涵盖从基本的日常用语到专业领域的专业术语,具体取决于个体的语言水平和应用需求。

2.语境适应

语境适应是指个体根据不同的情境和环境调整其外语使用的能力。这包括选择适当的语言风格、词汇和语法,以及了解不同情境中的文化和社交规则。语境适应有助于确保外语使用的有效性和适当性。

外语使用与语境适应密切相关,因为外语使用通常需要根据具体情境进行调整,以满足交流的要求和期望。语境适应不仅涉及语言方面的调整,还包括文化、社交和情感方面的适应。

(二)外语使用与语境适应的重要性

外语使用与语境适应在个人和职业生活中具有重要的作用:

1.跨文化交流

外语使用使个体能够与来自不同文化背景的人们进行跨文化交流。通过适应不同的语境,可以减少误解和冲突,建立互信和友好关系。

2.国际商务

在全球化的商业环境中,外语使用和语境适应对于国际商务至关重要。在不同国家和地区开展业务时,了解当地的语境和文化规则可以增加商务成功的机会。

3.学术研究

在学术领域,研究人员经常需要使用外语来参与国际合作和获取研究资料。语境适应有助于他们在国际学术界取得成功。

4.旅游和文化交流

旅游者和文化爱好者使用外语来探索不同国家和文化。了解当地的语境和社交规则可以增强他们的旅行体验。

5.职业发展

具备外语使用和语境适应的能力可以提高个体的职业竞争力。许多职业要求员工具备多语言和跨文化交际的技能。

6.教育和学习

教育领域中,学生需要使用外语来学习和研究不同领域的知识。教师也需要在不同的语境中适应学生的需求和水平。

综上所述,外语使用与语境适应对于各个领域的个体都具有广泛的重要性。它不仅有助于有效的沟通,还有助于促进跨文化理解和合作,提高职业竞争力，丰富个体的文化体验。

（三）影响外语使用与语境适应的因素

外语使用与语境适应受多种因素的影响，以下是一些主要因素：

1. 语言水平

个体的语言水平是最基本的影响因素之一。具备流利的外语能力的个体更容易进行语境适应，因为他们能够更自信地表达自己。

2. 文化背景

个体的文化背景和文化敏感性也会影响外语使用。了解不同文化的习惯和社交规则有助于更好地适应语境。

3. 社交关系

与对话伙伴的社交关系可以影响外语使用。与亲密的朋友或家人交流可能更轻松，而与陌生人或上级交流可能更正式。

4. 情感因素

个体的情感状态和情感因素可以影响外语使用。情感愉快的状态可能有助于流利的外语表达，而紧张或不安的情感状态可能会影响流利度。

5. 任务和目标

不同的任务和目标需要不同的语境适应。例如，商务会议可能需要更正式的语言，而社交聚会可能需要更随意的语言。

6. 文化差异

不同国家和地区的文化差异也会影响外语使用和语境适应。个体需要了解并尊重不同文化的规则和习惯。

7. 社交和文化经验

个体的社交和文化经验也会影响外语使用。具有跨文化经验的个体更容易适应不同的语境，因为他们已经具备了跨文化的技能和知识。

8. 语言环境

个体所处的语言环境可以影响他们的外语使用和语境适应。在一种外语使用频繁的环境中，个体可能更容易适应外语语境。

9. 语言输入和输出机会

外语使用的机会和频率也会影响语境适应。具有更多外语交流的机会的个体可能在语境适应方面更为熟练。

10. 自信和态度

个体的自信水平和态度也会对外语使用产生影响。积极的态度和高度的自信有助于更好地适应不同的语境。

综合考虑这些因素,外语使用与语境适应是一个复杂而多层次的过程,受多种内外部因素的相互影响。

(四)外语使用与语境适应的实际应用

外语使用与语境适应在日常生活、职业领域和跨文化交流中都有广泛的应用。以下是一些实际应用的例子:

1. 商务会议

在国际商务会议中,与不同文化背景的商业合作伙伴进行外语交流是常见的。语境适应有助于建立商业关系,确保交流的成功和顺利进行。

2. 旅游和旅行

旅游者通常需要在不同国家和地区使用外语来与当地人交流。了解当地的文化和社交规则有助于提高旅行体验。

3. 教育和学术研究

在学术领域,研究人员需要使用外语来参与国际合作和获取研究资料。语境适应有助于他们在国际学术界取得成功。

4. 社交互动

在社交互动中,外语使用与语境适应有助于建立亲密的关系和友谊。与朋友、家人和同事的外语交流可以加深联系。

5. 移民和定居

移民到新的国家或定居在外国的个体通常需要学习和适应当地的外语和文化。这有助于其更好地融入当地社会和生活。

6. 跨文化交流

在国际交往和跨文化沟通中,外语使用与语境适应尤为重要。具备这些技能的个体更容易建立国际关系和合作。

总之,外语使用与语境适应是一种灵活和实用的能力,有助于在不同情境中进行有效的外语交流。在今天的全球化社会中,具备这些技能对于个人和职业发展都具有重要意义。通过不断学习和实践,个体可以提高自己的外语使用能力和语境适应能力,增强自己在跨文化交际中的竞争力。同时,组织和教育机构也可以提供培训和资源，以帮助个体更好地应对不同的语境和情境。这将有助于促进文化多样性的尊重和理解，增强国际合作和交流的机会。

三、跨文化沟通中的双语使用

跨文化沟通是当今全球化社会中不可避免的现象。在这种情况下，双语使用成为一种有力的工具，有助于建立跨文化的联系、促进文化交流和解决跨文化的挑战。双语使用指的是在交流过程中同时使用两种语言，通常是个体的母语和另一种外语。以下将探讨双语使用在跨文化沟通中的概念、重要性、影响因素以及实际应用。

（一）双语使用的定义

1. 双语使用

双语使用是指在交流过程中同时使用两种语言，通常包括个体的母语和另一种外语。这种交流方式可以在口头、书面、听力和阅读等多种形式中出现。双语使用不仅涉及语言，还包括文化、社交和情感方面的因素。

2. 跨文化沟通

跨文化沟通是指在不同文化背景下进行的沟通和交流。这种沟通通常涉及不同语言、文化价值观和社交规则，需要个体具备跨文化交际的能力。

双语使用在跨文化沟通中发挥着关键的作用，因为它有助于个体更好地理解和被理解，同时也有助于促进文化的多样性和互相尊重。

（二）双语使用的重要性

双语使用在跨文化沟通中具有多方面的重要性：

1. 促进有效沟通

双语使用使个体能够更好地理解和被理解。在跨文化沟通中，使用双语可以弥补语言障碍，确保信息传递的准确性和清晰性。

2. 促进文化交流

双语使用有助于促进文化之间的交流和理解。通过使用对方的语言，个体可以更深入地了解对方的文化、价值观和习惯。

3. 减少误解和冲突

跨文化沟通可能会伴随误解和冲突的风险。通过双语使用，个体可以更容易地澄清意思，减少误解和冲突的可能性。

4. 促进国际合作

在国际合作和国际关系中，双语使用具有关键的作用。个体可以使用对方的语言来建立信任和合作关系，增强国际合作的机会。

5. 增强个体的竞争力

具备双语使用的能力可以增强个体的职业竞争力。在全球化的工作环境中，双语能力通常是一个有竞争力的优势。

6. 丰富文化体验

双语使用不仅有助于跨文化沟通，还可以丰富个体的文化体验。通过学习和使用不同语言，个体可以更好地融入不同文化的社会生活。

7. 增强文化敏感性

双语使用有助于个体提高文化敏感性，更好地理解和尊重不同文化的规则和习惯。这有助于减少文化冲突和歧视。

综上所述，双语使用在跨文化沟通中发挥着多重重要作用，有助于促进文化交流、减少误解和冲突、增强国际合作、提高职业竞争力以及丰富文化体验。

（三）影响双语使用的因素

双语使用受多种因素的影响，以下是一些主要因素：

1. 语言能力

个体的语言能力是最基本的因素。具备流利的外语能力的个体更容易进行双语使用。

2. 文化背景

个体的文化背景和文化敏感性也会影响双语使用。了解不同文化的习惯和社交规则有助于更好地进行跨文化沟通。

3. 社交关系

与对话伙伴的社交关系可以影响双语使用。与亲密的朋友或家人交流可能更随意，而与陌生人或上级交流可能更正式。

4. 情感因素

个体的情感状态和情感因素可以影响双语使用。情感愉快的状态可能有助于流利的双语表达,而紧张或不安的情感状态可能会影响流利度。

5. 任务和目标

不同的任务和目标需要不同的双语使用。例如,正式的商务会议可能需要更正式的语言,而社交聚会可能需要更随意的语言。

6. 文化差异

不同国家和地区的文化差异也会影响双语使用。个体需要了解并尊重不同文化的规则和习惯。

7. 社交和文化经验

个体的社交和文化经验也会影响双语使用。具有跨文化经验的个体更容易进行双语使用,因为他们已经具备了跨文化的技能和知识。

8. 语言环境

个体所处的语言环境可以影响他们的双语使用。在一种外语使用频繁的环境中,个体可能更容易进行双语使用。

9. 教育和培训

接受外语教育和培训可以增强个体的双语使用能力。语言课程、跨文化培训和语言交流机会都有助于提高双语使用技能。

10. 自信和态度

个体的自信水平和态度也会对双语使用产生影响。积极的态度和高度的自信有助于更好地进行双语使用。

综合考虑这些因素,双语使用是一个复杂而多层次的过程,受多种内外部因素的相互影响。个体可以通过学习、培训和积极的实践来提高自己的双语使用能力,增强在跨文化沟通中的成功。

(四)双语使用的实际应用

双语使用在各个领域和情境中都有广泛的实际应用,以下是一些例子:

1. 商务交流

在国际商务中,双语使用是非常普遍的。商务会议、谈判和合同签订可能需要使用多种语言,以确保商务合作的成功。

2. 国际外交

外交官和国际组织的工作通常需要使用多种语言来处理国际事务。双语使用有助于建立国际合作和解决国际争端。

3. 教育和学术研究

在教育领域，双语使用有助于教师和学生之间的有效沟通。在学术研究中，双语能力有助于参与国际合作和获取研究资料。

4. 社交互动：

在社交互动中，双语使用有助于建立亲密的关系和友谊。与朋友、家人和同事的双语交流可以加深联系。

5. 移民和定居

移民到新的国家或定居在外国的个体通常需要学习和适应当地的外语。这有助于更好地融入社会和生活。

6. 旅游和文化交流

旅游者和文化爱好者使用双语来探索不同国家和文化。了解当地的语言和文化有助于提高旅行体验。

7. 跨文化交流

在国际交往和跨文化沟通中，双语使用尤为重要。具备这些技能的个体更容易建立国际关系和合作。

总之，双语使用是一个灵活和实用的能力，有助于在不同情境中进行有效的跨文化沟通。在今天的全球化社会中，具备这些技能对于个人和职业发展都具有重要意义。通过不断学习和实践，个体可以提高自己的双语使用能力，增强在跨文化交际中的竞争力。同时，组织和教育机构也可以提供培训和资源，以帮助个体更好地应对不同的语境和情境。这将有助于促进文化多样性的尊重和理解，增强国际合作和交流的机会。

第三节　文化敏感性与尊重

一、文化敏感性的培养

在当今全球化的社会中，文化多样性是一个突出的特征。人们常会在各种情境中与来自不同文化背景的个体交往，无论是在个人生活中还是职业环境中。因此，培养文化敏感性变得尤为重要。文化敏感性不仅有助于更好地理解和尊重不同文化，还能促进跨文化合作、减少误解和冲突。以下将深入探讨文化敏感性的概念、重要性、培养方法以及在不同领域中的应用。

（一）文化敏感性的定义

文化敏感性是指个体能够意识到、理解和尊重不同文化背景的人的能力。它包括对不同文化的价值观、信仰、习惯、社交规则和沟通风格的理解。文化敏感性也包括个体对自己的文化背景的认知和反思。具备文化敏感性的个体能够更好地与来自不同文化的人交往，并避免文化冲突和误解。

（二）文化敏感性的重要性

文化敏感性在个人和社会层面都具有重要性：

1. 促进跨文化交流

文化敏感性有助于个体更好地理解和被理解，从而促进跨文化交流的有效性。在全球化时代，跨文化交流已成为常态，文化敏感性是成功交流的关键。

2. 减少误解和冲突

文化敏感性可以减少因文化差异而导致的误解和冲突。个体能够更好地预测和理解来自不同文化的人的行为和反应，从而减少误解的可能性。

3. 促进文化多样性

文化敏感性有助于个体更好地尊重和促进文化多样性。这有助于维护社会的多元化和包容性。

4. 增强职业竞争力

在职业领域，具备文化敏感性的个体更容易与国际合作伙伴、客户和同事建立关系。这有助于提高职业竞争力。

5. 丰富个人体验

文化敏感性可以丰富个体的文化体验。通过了解和体验不同文化的习俗和传统，个体可以更丰富地生活。

6. 提高全球公民意识

具备文化敏感性的人更有可能成为全球公民，积极参与全球问题和挑战的解决。

综上所述，文化敏感性对于跨文化交流、文化多样性的尊重、职业发展以及个体的丰富体验都具有重要意义。

（三）培养文化敏感性的方法

文化敏感性可以通过不同的方法来培养和发展：

1. 教育和培训

参加文化多样性培训和跨文化教育课程是培养文化敏感性的有效途径。这些课程可以提供有关不同文化背景、价值观和社交规则的知识，同时也鼓励反思和尊重。

2. 跨文化经验

亲身体验不同文化是培养文化敏感性的重要方法。通过旅行、国际交流项目、文化节庆等方式，个体可以更深入地了解不同文化。

3. 阅读和研究

阅读有关不同文化的书籍、文章和研究可以增加对文化多样性的理解。研究文化背景、历史和社会结构也有助于提高文化敏感性。

4. 对话和交流

积极参与对话和交流是培养文化敏感性的关键。与来自不同文化背景的人交流，听取他们的观点和经验，有助于拓宽视野。

5. 自我反思

个体可以通过自我反思来提高文化敏感性。反思自己的文化，了解自己的文化价值观和习惯，有助于更好地理解和尊重其他文化。

6. 尊重和开放心态

尊重和开放心态是培养文化敏感性的基本原则。个体需要尊重不同文化的差异，同时保持开放的心态，愿意接受新的文化经验。

7. 接受文化挑战

主动接受文化挑战是培养文化敏感性的方法之一。这意味着愿意走出舒适区，接受不同文化的挑战和机会。

8. 多语言能力

学习多种语言有助于培养文化敏感性。语言是文化的一部分，学习不同语言可以更深入地了解不同文化。

（四）文化敏感性在不同领域的应用

文化敏感性在不同领域都具有广泛的应用，以下是一些例子：

1. 职业领域

在职业环境中，文化敏感性有助于建立与国际客户、同事和合作伙伴的良好关系。在全球化的商业世界中，具备文化敏感性的员工更容易适应不同文化的工作风格和期望，提高了国际商务的成功率。

2. 教育领域

在教育领域，文化敏感性有助于教师更好地理解学生的文化背景和需求。这有助于创造一个包容和多元化的学习环境，促进学生的学术成功。

3. 国际合作和发展项目

在国际合作和发展项目中，文化敏感性是成功合作的基础。不同国家和地区的项目合作需要充分考虑文化因素，以确保项目的可持续性和成功。

4. 政府和外交关系

政府和外交官员需要具备文化敏感性，以处理国际事务和维护国际关系。了解其他国家的文化和政治背景有助于有效外交。

5. 社交互动

在个人生活中，文化敏感性有助于建立亲密的社交关系。与来自不同文化背景的朋友、家人和同事互动时，文化敏感性有助于增进互信和友好。

6. 旅游和文化交流

旅游者和文化爱好者通过文化敏感性能够更好地体验和尊重当地文化。这有助于提高旅行体验和文化交流的质量。

总之，文化敏感性在各个领域都发挥着关键的作用，有助于促进文化交流、减少误解和冲突、维护文化多样性以及增强个体的竞争力。在全球化的社会中，培养文化敏感性已经成为一个不可或缺的生活技能。通过教育、培训和积极的实践,个体可以提高自己的文化敏感性,促进更加和谐和包容的社会环境。同时,政府、组织和教育机构也可以采取措施来促进文化敏感性的培养和发展,以创造更具包容性的社会和国际社交环境。

二、文化差异的理解与尊重

文化差异是人类社会的普遍现象,不同地区、不同国家以及不同民族都拥有独特的文化体系。文化差异包括语言、宗教、价值观、习惯、社交规则等多个方面。在当今全球化的社会中,理解和尊重文化差异变得尤为重要,因为它有助于促进跨文化交流、减少误解和冲突、维护文化多样性,并且有助于更好地共同生活和工作。以下将深入探讨文化差异的概念、种类、重要性,以及培养文化差异理解与尊重的方法。

(一)文化差异的概念

文化差异是指不同文化背景下的个体、社群或国家在各个方面存在的差异。这些方面可以包括但不限于以下几个层面:

1. 语言

不同文化背景的人可能使用不同的语言或方言,这会影响他们的沟通方式和交流。

2. 宗教和信仰

不同文化拥有不同的宗教信仰和价值观,这会影响他们的道德观念和行为准则。

3. 社交规则

不同文化可能对社交互动有不同的规则和礼仪,如礼貌用语、身体语言等。

4. 习惯和传统

不同文化可能有独特的习惯和传统,包括饮食、服饰、庆典等。

5. 观念和价值观

不同文化可能对人际关系、家庭、职业和社会问题有不同的观念和价值观。

6. 社会结构

不同文化可能具有不同的社会结构，包括家庭组织、政府制度、社会等级等。

文化差异并不仅限于上述方面，它涵盖了社会生活的方方面面，而且在不同文化之间存在着广泛和多样的差异。

（二）文化差异的种类

文化差异可以分为多种不同的种类，以下是一些主要的文化差异种类：

1. 语言差异

语言是文化的核心组成部分，不同语言之间的差异包括词汇、语法、语音、书写等方面。

2. 宗教和价值观差异

不同文化背景下的人可能信仰不同的宗教，拥有不同的价值观和道德观。

3. 礼仪和礼节差异

不同文化可能对礼仪和礼节有不同的要求，包括礼貌用语、礼物赠送、餐桌礼仪等。

4. 时间观念差异

不同文化对时间的看法和管理方式可能不同，包括准时性、时间安排和时间压力等。

5. 人际关系差异

不同文化可能在人际关系中有不同的期望和规则，包括亲密程度、社交圈子、人际沟通等。

6. 社会结构差异

不同文化可能有不同的社会组织结构，包括家庭结构、政府制度、社会等级等。

7. 饮食和饮食习惯差异

不同文化的饮食习惯、饮食禁忌和烹饪方式可能差异巨大。

8. 艺术和文化表达差异

不同文化可能拥有独特的艺术、音乐、舞蹈和文学传统，这些表达方式反映了他们的文化价值观。

文化差异种类的多样性使得跨文化交流和理解变得复杂，因此，培养文化差异的理解和尊重至关重要。

（三）文化差异的重要性

理解和尊重文化差异对个人和社会都具有极其重要的意义：

1. 促进跨文化交流

理解文化差异有助于促进跨文化交流的有效性。只有理解不同文化的背景和习惯，个体才能更好地与不同文化的人沟通和合作。

2.减少误解和冲突

文化差异常常伴随误解和冲突的风险。通过理解和尊重文化差异，个体可以减少误解和冲突的可能性。

3. 维护文化多样性

文化差异是文化多样性的体现，理解和尊重文化差异有助于维护和促进文化多样性。

4. 增强全球合作

在全球化时代，国际合作变得日益重要。理解和尊重文化差异有助于建立国际合作关系，解决全球性问题。

5. 促进包容性社会

尊重文化差异有助于创造包容性社会，个体不会因文化背景的差异而受到歧视或排斥。这有助于建立和谐的社会关系。

6. 丰富个人体验

理解和尊重文化差异可以丰富个人的文化体验。通过接触不同文化，个体可以更深入地了解世界的多样性，拓宽自己的视野。

7. 增强文化敏感性

文化差异的理解和尊重有助于个体提高文化敏感性，更好地适应不同文化的环境。

综上所述，文化差异的理解与尊重对于促进跨文化交流、减少误解和冲突、维护文化多样性、增强国际合作、建立包容性社会以及丰富个人体验都至关重要。

（四）培养文化差异的理解与尊重的方法

培养文化差异的理解与尊重是一个逐渐发展的过程，可以通过以下方法来实现：

1. 教育和培训

参加跨文化培训和教育课程可以帮助个体更好地理解文化差异。这些课程提供文化差异的背景知识、案例研究和跨文化沟通技巧。

2. 阅读和研究

阅读有关不同文化的书籍、文章和研究可以增加文化差异的知识。研究不同文化的历史、价值观和社会结构有助于理解其背后的原因。

3. 与不同文化的人交流

积极与来自不同文化背景的人交流是培养文化差异理解与尊重的重要途径。通过对话和互动，个体可以更深入地了解其他文化的习惯和观念。

4. 旅行和文化体验

旅行到不同国家和地区，参与当地的文化体验和活动，有助于亲身体验文化差异。

5. 尊重和开放心态

尊重和开放心态是培养文化差异理解与尊重的基本原则。个体需要尊重不同文化的差异，同时保持开放的心态，愿意接受新的文化经验。

6. 接受文化挑战：主动接受文化挑战是培养文化差异理解与尊重的方法之一。这意味着愿意走出舒适区，接受不同文化的挑战和机会。

7. 跨文化团队合作

在工作环境中，参与跨文化团队合作有助于个体更好地理解文化差异，并提高跨文化沟通技能。

文化差异理解与尊重是一个长期的学习和发展过程，需要不断地努力和实践。通过教育、培训、自我反思和与不同文化的人互动，个体可以不断提高自己的文化差异理解与尊重水平。

文化差异是多元化世界的一个重要特征，理解和尊重文化差异对于促进跨文化交流、减少误解和冲突、维护文化多样性以及建立包容性社会至关重要。个体可以通过教育、培训、与不同文化的人交流和自我反思来培养文化差异的理解与尊重。同时，政府、组织和教育机构也可以采取措施来促进文化差异的尊重和理解，以创造更加和谐和包容的社会环境。文化差异的理解与尊重有助于个体在全球化的社会中更好地适应和融入，同时也有助于促进国际合作和跨文化交流。在不断发展和演变的世界中，培养文化差异的理解与尊重将成为一个不可或缺的生活技能，有助于推动社会的进步和和谐共处。通过共同努力，我们可以更好地理解、尊重和庆祝文化差异，从而创造一个更加多元化和包容的世界。

三、文化冲突的解决与协商

文化冲突是指因不同文化背景、信仰、价值观、习惯和行为准则之间的差异而引发的矛盾和冲突。在全球化的时代，文化冲突变得更加普遍和复杂，因为人们常需要与来自不同文化背景的人互动和合作。解决文化冲突和进行跨文化协商成为关键技能，有助于促进和谐的跨文化关系、减少误解和冲突、实现共赢的解决方案。以下将深入探讨文化冲突的定义、原因、重要性，以及解决文化冲突和跨文化协商的方法和策略。

（一）文化冲突的特点

文化冲突的特点包括：

1. 多维度性

文化冲突不仅仅局限于语言或宗教差异，它可能涉及多个层面的文化差异，包括价值观、社会规则、人际关系等。

2. 多样性

由于世界上存在众多不同的文化，文化冲突的种类和表现形式也非常多样化。

3. 主观性

文化冲突的感知和解释是主观的，不同个体可能对同一文化冲突有不同的看法和反应。

4. 动态性

文化冲突可以是动态的，随着时间的推移和文化的变化而演化。

（二）文化冲突的原因

文化冲突的原因可以非常复杂，其中一些主要因素包括：

1. 价值观和信仰差异

不同文化背景的人可能拥有不同的价值观和宗教信仰，这些差异可以引发冲突。

2. 语言障碍

语言差异可能导致沟通障碍，使双方难以理解对方的意图和需求。

3. 社交规则和习惯

不同文化的社交规则和习惯可能相互冲突，导致误解和不适应。

4. 文化认同

文化冲突有时涉及个体或群体的文化认同，这种认同可能导致对其他文化的拒绝或歧视。

5. 社会和政治因素

社会和政治因素也可以引发文化冲突，包括领土争端、种族问题和民族冲突。

6. 经济差异

经济差异和资源分配问题也可能导致文化冲突，如贫富差距和资源争夺。

7. 教育和传媒

教育和传媒对于塑造文化观念和刻板印象也具有重要作用，它们可能加剧文化冲突。

文化冲突的原因是多种多样的，了解这些原因有助于更好地应对和解决文化冲突。

（三）文化冲突的重要性

解决文化冲突和进行跨文化协商对于个人和社会都具有重要性：

1. 促进跨文化交流

解决文化冲突有助于促进跨文化交流的有效性。只有解决冲突，双方才能更好地理解和信任对方。

2. 减少误解和冲突

文化冲突常伴随误解和冲突，解决冲突有助于减少这些问题的发生，提高合作的可能性。

3. 维护和谐的关系

解决文化冲突有助于维护和谐的跨文化关系，个体可以更好地与来自不同文化的人建立积极的互动。

4. 促进文化多样性

解决文化冲突有助于促进文化多样性的维护。各种文化的和平共存和互动有助于社会的多元性和丰富性。

5. 提高国际合作

国际合作在全球化时代至关重要。解决国际文化冲突有助于国际社会更好地协调合作，共同解决全球性问题。

6. 塑造良好的个人声誉

个体如果能够积极解决文化冲突和进行跨文化协商，可以塑造良好的个人声誉，使自己在跨文化环境中更具竞争力。

总之，解决文化冲突和进行跨文化协商对于促进跨文化交流、维护和谐关系、实现共赢、推动国际合作以及促进文化多样性都具有极其重要的意义。它是一个需要培养和发展的关键技能，对于个人和社会的发展都有积极的影响。

（四）解决文化冲突和跨文化协商的方法和策略

解决文化冲突和进行跨文化协商需要一定的技巧和策略，以下是一些有效的方法：

1. 提高文化敏感性

首先，个体需要提高对不同文化的敏感性。这可以通过学习和了解其他文化的背景、价值观、习惯和社交规则来实现。

2. 建立信任和尊重

建立信任是解决文化冲突的基础。个体需要尊重对方的文化和观点，表现出开放的态度，以建立积极的互动。

3. 改善沟通技巧

沟通是解决文化冲突的关键。个体需要提高跨文化沟通技巧，包括倾听、提问、表达自己的观点和意图。

4. 掌握冲突解决技巧

了解不同的冲突解决技巧，如合作解决、妥协、竞争和回避，以选择适合情境的方法。

5. 借助中介人或翻译

在文化冲突的情况下，有时候借助中介人或翻译可以有助于更好地理解对方和解决问题。

6. 寻找共同利益

协商的目标是找到双方都能接受的解决方案。寻找共同利益，强调合作而不是竞争。

7. 避免刻板印象和偏见

个体需要警惕刻板印象和偏见，不轻易对其他文化下定论，而是尝试理解其多样性。

8. 学习冲突解决案例

研究成功解决文化冲突的案例，可以为个体提供宝贵的经验和启发。

9. 接受文化差异

最重要的是要接受文化差异的存在，将其视为一种丰富和有趣的体验，而不是问题。

10. 寻求专业帮助

在一些复杂的文化冲突情境下，可能需要寻求专业帮助，如文化中介人或跨文化咨询师。

解决文化冲突和进行跨文化协商需要灵活性、耐心和尊重。这是一个逐渐发展的过程，需要不断地实践和改进。然而，通过积极的努力，个体可以有效地处理文化冲突，实现和谐的跨文化关系。

文化冲突在当今全球化的社会中不可避免，但它并不一定导致矛盾和分歧。通过提高文化敏感性、建立信任、改善沟通技巧、寻找共同利益和尊重文化差异，个体可以成功解决文化冲突，并进行跨文化协商。解决文化冲突的能力对于促进跨文化交流、维护和谐关系、实现共赢和推动国际合作都至关重要。在不断发展和演进的世界中，培养解决文化冲突的技能将有助于个体更好地适应多元化的社会环境，为和平共处和共同繁荣做出贡献。通过共同努力，我们可以更好地理解、尊重和管理文化冲突，从而创造一个更加包容和和谐的世界。

第六章 英语教育中的跨文化视角

第一节 跨文化视角在英语教育中的应用

一、跨文化教育的理论基础

跨文化教育是一个广泛讨论的领域,旨在帮助个体在不同文化背景下获得知识、技能和文化敏感性。它涵盖了各种不同的教育环境,包括国际教育、多元文化教育、跨文化培训等。跨文化教育的理论基础是多元的,包括文化心理学、社会学、教育学等领域的理论框架。以下将探讨跨文化教育的理论基础,包括文化差异理论、多元文化教育理论、文化适应理论和跨文化交际理论,以帮助理解和应用跨文化教育的原则和方法。

(一)文化差异理论

文化差异理论是跨文化教育的重要理论基础之一,它强调不同文化背景下的个体和群体之间存在的差异。该理论关注文化对个体行为、认知、情感和社会互动的影响,并试图解释这些差异的成因。文化差异理论的一些关键观点包括:

1. 文化是社会化的产物

文化差异理论强调文化是社会化的产物,它在个体成长和互动的过程中塑造了他们的价值观、信仰和行为准则。

2. 文化对思维和感知的影响

不同文化的人可能在思维方式、问题解决和知觉上存在差异。例如,一些文化可能更加强调集体主义,注重群体利益,而另一些文化可能更加强调个体主义,注重个体权利和自由。

3. 文化的沟通差异

文化差异理论强调不同文化之间的沟通方式和规则的不同。语言、非语言沟通和社交规范都可能受到文化背景的影响。

4. 文化适应的挑战

文化差异理论认为，个体在不同文化环境中可能会面临文化适应的挑战。他们需要适应新的文化背景，同时保持自己的文化认同。

文化差异理论对于跨文化教育具有指导作用，它提醒教育者和学生要认识到文化差异的存在，尊重不同文化的观点和习惯，并在教育过程中考虑到这些差异。

（二）多元文化教育理论

多元文化教育理论是跨文化教育领域的另一个重要理论基础，它强调在教育过程中考虑多元文化的因素，以促进多元文化的包容性和公平性。多元文化教育理论的核心观点包括：

1. 文化多样性是一种资产

多元文化教育理论认为，文化多样性是一种社会和教育的资产，它能够丰富教育经验、提高学习成效，并培养学生的文化敏感性。

2. 反对歧视和排斥

多元文化教育理论强调反对歧视和排斥，鼓励创建一个包容的教育环境，使每个学生都感到受到尊重和接纳。

3. 教育的文化响应性

多元文化教育理论强调教育的文化响应性，即教育者应该考虑学生的文化背景，调整教学方法和内容，以满足不同学生的需求。

4. 促进公平机会

多元文化教育理论的目标之一是促进公平的教育机会，确保每个学生都有平等的机会获得高质量的教育。

多元文化教育理论在教育实践中具有广泛的应用，它鼓励教育机构采取多元文化的课程和教育策略，以满足多样化的学生需求，并创造一个包容和多元的学习环境。

（三）文化适应理论

文化适应理论关注个体在跨文化环境中的适应过程，包括文化冲突、文化冲突的解决和文化适应的阶段。该理论提供了关于个体如何适应新文化的框架，以及适应过程中可能面临的挑战。文化适应理论的关键观点包括：

1. 文化冲突

在接触新文化时，个体可能会面临文化冲突，即新文化的价值观和习惯与自己的文化背景不符。

2. 文化适应阶段

文化适应理论将文化适应过程分为几个阶段，包括初始文化冲突、文化震荡、逐渐适应和文化适应。

3. 文化适应策略

个体可以采取各种策略来应对文化冲突和促进文化适应，例如寻求文化知识、与本地人建立联系、学习新的社交规则等。

4. 文化适应的重要性

文化适应理论认为，成功的文化适应对于个体的幸福感和生活满意度具有重要影响。

文化适应理论有助于教育者和学生理解在跨文化环境中学习和工作的挑战，同时也提供了应对这些挑战的策略。

（四）跨文化交际理论

跨文化交际理论关注不同文化背景的人在沟通和互动中可能面临的挑战和策略。该理论强调文化对于语言和沟通的影响，以及如何在跨文化环境中建立有效的沟通。跨文化交际理论的关键观点包括：

1. 文化差异的沟通障碍

不同文化的人可能在语言、非语言沟通和社交规范方面存在差异，这可能导致沟通障碍。

2. 文化敏感性

跨文化交际理论强调文化敏感性的重要性，即个体需要了解不同文化的沟通方式和规则，以避免误解和冲突。

3. 适应文化

在跨文化交际中，个体需要适应对方的文化，包括语言、礼仪和社交规范，以建立互信关系。

4. 文化冲突解决

跨文化交际理论提供了解决文化冲突的策略，如倾听、尊重和寻求共同理解。

跨文化交际理论对于教育和商务等领域的跨文化交流具有重要的指导作用，它能帮助个体更好地理解和应对文化差异，提高沟通的效率和效果。

跨文化教育的理论基础涵盖了多个领域，包括文化差异理论、多元文化教育理论、文化适应理论和跨文化交际理论。这些理论提供了关于文化差异、文化适应和跨文化交流的重要见解，有助于教育者和学生更好地理解和应用跨文化教育的原则和方法。在全球化的时代，跨文化教育变得越来越重要，它有助于培养具备文化敏感性和跨文化沟通能力的个体，促进不同文化之间的理解与和谐。因此，深入理解和运用跨文化教育的理论基础对于个人和社会的跨文化互动都具有重要价值。

二、跨文化视角与教育改革

随着全球化的不断发展，世界各国之间的交流和互动变得日益频繁，这使得跨文化视角在教育领域的重要性日益凸显。跨文化视角意味着在教育过程中充分考虑不同文化背景的学生，以提供更加包容和多样化的教育体验。以下将探讨跨文化视角与教育改革之间的关系，探讨为什么跨文化视角对教育改革至关重要，以及如何在教育中推广跨文化视角。

（一）跨文化视角的概念

跨文化视角是指将不同文化背景的学生的需求、价值观、经验和背景纳入教育过程中的一种教育方法和理念。它强调了文化差异的存在，并试图在教育中充分考虑这些差异，以创造更具包容性和平等的教育环境。跨文化视角不仅涉及国际学生的教育，还包括在多元文化社会中的本地学生。

跨文化视角的关键原则包括：

1. 尊重文化差异

跨文化视角强调尊重和欣赏不同文化背景的学生，避免歧视和偏见。

2. 适应性教育

教育内容和方法应根据学生的文化需求和背景进行调整，以满足他们的学习需求。

3. 促进文化敏感性

教育过程应该有助于培养学生的文化敏感性，使他们能够更好地理解和与不同文化背景的人合作。

4. 促进多元化

跨文化视角鼓励教育机构招收和支持多元化的学生群体，以创造多样性和包容性的学习环境。

（二）跨文化视角与教育改革的关系

跨文化视角与教育改革之间存在密切关系，因为它强调了在教育体系中引入多元化、包容性和文化敏感性的原则。以下是跨文化视角与教育改革之间的关系：

1. 促进公平和平等教育机会

跨文化视角强调了教育公平的重要性。在教育改革中，通过考虑不同文化背景的学生，可以更好地确保每个学生都有平等的教育机会。

2. 支持多元化学生群体

现代社会中学生群体日益多元化，包括不同国籍、宗教、种族和语言背景的学生。跨文化视角鼓励教育机构支持这些多元化的学生群体，以满足他们的需求。

3. 增强文化敏感性

跨文化视角有助于培养学生的文化敏感性，使他们能够更好地理解和尊重不同文化背景的人。这有助于减少文化冲突和提高跨文化交流的效果。

4. 国际化教育

跨文化视角与国际化教育紧密相关。教育改革中的国际化趋势意味着大学需要更多地吸引国际学生和教职员工。跨文化视角有助于创造一个有吸引力的国际化教育环境。

5. 适应社会变革

社会在不断变革，跨文化视角有助于教育机构适应这些变化。它使大学更具适应性，能够满足不断变化的学生需求。

（三）跨文化视角在教育中的应用

要将跨文化视角融入教育改革中，需要采取一系列措施和策略。以下是一些在教育中应用跨文化视角的方法：

1. 多元化教育内容

教育课程应该反映不同文化背景的贡献和视角。这可以通过包括多元文化文学、历史、社会科学领域的内容来实现。

2. 教育师资的多元化

招聘具有不同文化背景的教职员工，以提供学生多元化的学术和文化视角。

3. 跨文化培训

为教育工作者提供跨文化培训，帮助他们更好地理解和应对不同文化背景的学生。

4. 文化适应支持

提供文化适应支持服务，帮助国际学生和移民适应新的文化和学习环境。

5. 促进跨文化交流

创建促进学生之间跨文化交流的机会，如文化交流项目、国际合作项目、语言交换等，以帮助学生增强跨文化沟通和理解能力。

6. 评估文化敏感性

引入评估工具，以度量学生、教职员工和教育机构在文化敏感性方面的表现，以便不断改进教育实践。

7. 制定包容性政策

制定和实施政策，鼓励和支持多元文化和包容性的教育环境。这包括反歧视政策、平等机会政策等。

8. 跨学科研究

鼓励跨学科研究，以研究文化差异对教育的影响，以及如何更好地促进跨文化教育。

9. 社区参与

建立与社区的合作关系，以更好地了解和满足当地和国际学生的需求。

10. 培养文化敏感性

通过教育培训、课程和文化活动来培养学生的文化敏感性，使他们能够在全球化的世界中更好地融入。

（四）跨文化视角的挑战与机遇

在教育改革中应用跨文化视角虽然具有许多潜在优势，但也会面临一些挑战。以下是一些跨文化视角的挑战和机遇：

1. 挑战

（1）文化差异导致的沟通障碍：文化差异可能导致学生和教育工作者之间的沟通障碍，这可能影响学习效果。

（2）歧视和偏见：跨文化教育可能会引发一些学生之间的歧视和偏见，需要采取措施来预防和解决这些问题。

（3）教育资源不均：不同文化背景的学生可能面临不平等的教育资源分配，这需要改进以确保公平性。

2. 机遇

（1）提高文化敏感性：跨文化视角可以帮助提高学生的文化敏感性，使他们更好地适应全球化社会。

（2）培养全球领导力：通过跨文化教育，学生可以培养全球领导力，为未来的职业生涯做好准备。

（3）促进文化交流：跨文化视角有助于促进不同文化背景之间的积极交流和理解，减少文化冲突。

（4）创造多元文化社会：教育改革中的跨文化视角有助于创造更多元化、包容性和平等的社会。

跨文化视角在教育改革中具有重要作用，它有助于提高教育的包容性、平等性和质量。通过考虑不同文化背景的学生，教育机构可以更好地满足学生的需求，促进文化交流和理解，培养文化敏感性，为学生提供更广阔的视野。然而，要成功应用跨文化视角，需要克服一些挑战，并采取措施确保教育改革的成功。最终，跨文化视角将有助于教育体系更好地适应全球化的挑战和机遇，为学生提供更丰富的教育经验。

第二节 教材与课程设计

一、跨文化教材的开发

随着全球化的加深,教育领域也面临着越来越多的跨文化挑战和机遇。跨文化教育的重要性不断凸显,因为学生和教育者需要更好地理解和适应不同文化背景的人。跨文化教材的开发是实现跨文化教育的关键因素之一,它有助于教育者传达文化多样性、培养文化敏感性,并提供学习资源,以促进学生的跨文化学习和交流。以下将深入探讨跨文化教材的开发,包括其定义、重要性、设计原则和实际应用。

(一)跨文化教材的定义

跨文化教材是专门设计和开发,旨在帮助学生理解和尊重不同文化背景、价值观和习惯的学习资源。这些教材可以涵盖多个学科领域,包括语言、社会科学、文学、历史、艺术等,以及不同的教育水平,从幼儿园到高等教育。跨文化教材的开发目标是培养学生的文化敏感性,提高他们的跨文化沟通和理解能力,促进全球公民意识的发展。

跨文化教材通常包括以下方面的内容:

1. 文化多样性

介绍不同国家、地区和文化背景的信息,包括历史、地理、习惯、宗教、节日等。

2. 文化对比

比较不同文化之间的相似性和差异性,以帮助学生理解文化之间的联系和互动。

3. 文化故事和文学作品

通过文学作品、故事和传统文化材料,向学生传达文化的核心价值观和故事。

4. 跨文化技能

提供跨文化交流和合作的技能,如跨文化沟通、文化适应和解决文化冲突的技能。

5. 资源和活动

提供学习资源、活动和案例研究,以帮助学生深入了解和应用跨文化知识。

(二)跨文化教材的重要性

跨文化教材在教育中具有多重重要性,以下是一些关键原因:

1. 促进文化敏感性

跨文化教材有助于培养学生的文化敏感性,使他们能够更好地理解和尊重不同文化背景的人。

2. 培养跨文化技能

教材可以提供学生所需的技能,以在全球化社会中进行有效的跨文化交流、合作和解决问题。

3. 促进全球公民教育

跨文化教材有助于培养学生的全球公民意识,使他们更好地理解全球问题和挑战。

4. 丰富学习经验

通过跨文化教材,学生可以获得更加丰富、多样化和有趣的学习经验,拓宽他们的知识领域。

5. 准备未来职业

跨文化教材可以为学生提供在国际职场中成功的准备,因为他们需要处理与不同文化的客户、同事和合作伙伴的关系。

6. 社会和文化融合

跨文化教材有助于社会和文化融合,促进社会的多元化和包容性。

(三)跨文化教材的设计原则

跨文化教材的设计需要遵循一些基本原则,以确保其有效性和教育价值。以下是一些跨文化教材的设计原则:

1. 文化包容性

教材应该尊重和包容不同文化背景的学生,避免歧视和偏见。

2. 跨学科性

跨文化教材可以跨越多个学科领域，促进跨学科学习，使学生能够从不同角度了解文化。

3. 实践导向

教材应该提供实际的案例研究、活动和练习，以帮助学生将理论知识应用到实际情境中。

4. 参与性学习

鼓励学生积极参与学习，如通过小组讨论、项目、角色扮演等方式，以促进深入学习和交流。

5. 文化对比和联系

教材应该鼓励学生比较不同文化之间的相似性和差异性，并探讨文化之间的联系和互动。

6. 多样性的资源

教材应该包括多种不同的资源，如文学作品、音乐、电影、图像、采访等，以呈现多元化的文化视角。

7. 反思和讨论

教材应该鼓励学生进行反思和讨论，引导他们思考自己的文化观念和偏见，以及如何更好地理解和尊重不同文化。

8. 灵活性

教材应该具有一定的灵活性，以适应不同年龄、学习水平和教育环境的学生。它们可以根据需要进行调整和定制。

9. 文化专家参与

在教材的开发过程中，可以邀请文化专家参与，以确保内容的准确性和深度。

（四）跨文化教材的实际应用

跨文化教材可以在各个教育水平和领域中应用，以下是一些实际应用的示例：

1. 跨文化教育课程

大学可以开设跨文化教育课程，使用跨文化教材来教授学生有关文化差异、跨文化交流和全球问题的知识。

2. 外语教育

外语教育中经常使用跨文化教材,帮助学生更好地理解目标文化的语言和文化背景。

3. 跨文化培训

企业和组织可以使用跨文化教材来培训员工,以帮助他们在国际职场中成功工作。

4. 社会科学研究

社会科学研究可以使用跨文化教材来比较不同国家和地区的社会和文化问题,以进行跨文化研究。

5. 文化活动和展览

文化活动和展览可以使用跨文化教材来教育和启发观众,使他们更好地理解和欣赏不同文化的艺术、音乐和传统。

6. 在线教育资源

跨文化教材可以作为在线教育资源提供,以便学生在任何地方随时访问和学习。

7. 跨文化项目

跨文化项目可以使用跨文化教材来支持学生的项目工作,鼓励他们探索和解决全球性问题。

8. 学生交流项目

大学可以促进学生之间的国际交流项目,使用跨文化教材为他们在国外学习和生活作准备。

跨文化教材的开发是实现跨文化教育的关键要素之一。它们为培养学生的文化敏感性、跨文化技能和全球公民意识,提供了丰富多样的学习资源,促进了学生的跨文化学习和交流。跨文化教材的设计原则包括文化包容性、实践导向、多样性的资源等,以确保其有效性和教育价值。跨文化教材可以在不同的教育领域和水平中应用,为学生提供更广泛的视野和丰富的学习经验。在全球化的时代,跨文化教育和跨文化教材的重要性将继续增加,为建设一个更加包容和理解的社会做出贡献。

二、跨文化课程的设计原则

随着全球化的不断发展，跨文化教育变得愈发重要。在教育领域，跨文化课程的设计和实施成为培养学生全球意识、跨文化敏感性和国际化视野的关键。跨文化课程旨在帮助学生更好地理解和尊重不同文化背景的人，以应对日益多元化的社会和工作环境。以下将探讨跨文化课程的设计原则，以帮助教育者和课程开发者更好地制订和实施跨文化教育计划。

设计跨文化课程需要考虑一系列原则，以确保其有效性和教育价值。以下是一些设计跨文化课程的关键原则：

1. 文化包容性

跨文化课程应该尊重和包容不同文化背景的学生，避免歧视和偏见。课程内容和活动应反映多元文化的视角。

2. 目标明确

明确定义课程的学习目标和预期结果，以确保学生能够达到所需的跨文化知识和技能。

3. 多样性的教材

使用多种多样的教材，包括文学作品、电影、音乐、文化材料、采访等，以呈现不同文化的多样性。

4. 实践导向

鼓励学生参与实际的跨文化活动和项目，以帮助他们将理论知识应用到实际情境中。

5. 参与性学习

使用参与性学习方法，如小组讨论、案例分析、角色扮演等，以促进学生的积极参与和深度学习。

6. 跨学科性

跨文化课程可以涵盖多个学科领域，鼓励跨学科学习，使学生能够从不同角度了解文化。

7. 文化对比和联系

课程应该鼓励学生比较不同文化之间的相似性和差异性，以探讨文化之间的联系和互动。

8. 文化专家参与

在课程设计和实施过程中,可以邀请文化专家参与,以提供深入的文化洞察和见解。

9. 评估和反馈

开发课程评估工具,以度量学生在跨文化知识和技能方面的成就,并为其提供反馈。

10. 持续改进

根据学生和教育者的反馈,不断改进课程内容和方法,以确保课程的质量和适应性。

第三节 教师培训与教学方法

一、跨文化教师培训的必要性

在今天的全球化世界中,文化差异已经成为我们日常生活和工作中不可避免的一部分。教育领域也不例外,教室中的学生来自不同的文化背景,教育者需要适应这种多元化,以确保教育质量和学生的成功。跨文化教师培训的必要性越来越显著,因为它有助于教育者更好地理解和应对文化差异,提高跨文化教育的效果。以下将深入探讨跨文化教师培训的必要性,包括其背景、目标和影响。

(一)跨文化教育的背景

跨文化教育是一个综合性的概念,旨在帮助学生和教育者更好地理解和适应不同文化背景的人。跨文化教育的重要性在全球化的影响下不断增加。以下是一些导致跨文化教育的背景因素:

1. 移民潮

各国都面临着不同国家和文化背景的移民潮,这导致了学校和教育机构中多元文化学生群体的增加。

2. 国际化教育

许多学生和教育者参与国际交流项目,国际化教育成为越来越常见的现象。

3. 跨国公司

全球化使得跨国公司在不同文化背景的市场中开展业务，员工需要具备跨文化技能。

4. 跨文化挑战

全球化带来了各种跨文化挑战，如文化差异导致的沟通障碍、歧视和偏见等问题。

因此，教育者需要适应这个多元文化的环境，以更好地满足学生的需求，促进文化交流和理解，提高教育的质量。

（二）跨文化教师培训的目标

跨文化教师培训的目标是帮助教育者获取必要的知识、技能和态度，以更好地应对多元文化的教育环境。以下是跨文化教师培训的主要目标：

1. 文化敏感性

培养教育者的文化敏感性，使他们能够更好地理解和尊重不同文化背景的学生。

2. 跨文化沟通

提高教育者的跨文化沟通技能，以更有效地与学生和家长交流。

3. 文化适应

帮助教育者适应多元文化的教育环境，调整教学方法和策略，以满足不同学生的需求。

4. 教育平等

确保教育者了解和应对文化差异导致的教育不平等问题，促进教育的公平性。

5. 全球公民教育

培养教育者的全球公民意识，使他们能够教育学生成为具有全球视野的公民。

6. 跨文化解决问题

教育者应具备解决跨文化冲突和问题的技能，以创造和谐的教育环境。

7. 教育质量

提高教育的质量，确保学生在跨文化环境中获得优质的教育。

(三)跨文化教师培训的内容

跨文化教师培训的内容可以涵盖多个方面,以确保教育者具备必要的知识和技能。以下是一些可能包括的内容:

1. 文化理解

教育者需要学习不同文化的基本特征、价值观、习惯和传统,以更好地理解学生的背景和行为。

2. 跨文化沟通

培训应包括跨文化沟通技能的培养,包括非言语沟通、文化敏感性、解释和倾听技巧等。

3. 文化差异

教育者需要了解不同文化之间的相似性和差异性,以更好地应对跨文化挑战。

4. 教育不平等

培训应关注文化差异导致的教育不平等问题,以帮助教育者制定包容性的教育策略。

5. 教育策略

教育者需要学习调整教学方法和策略,以满足不同文化背景的学生需求,如差异化教育和跨文化课程设计。

6. 文化冲突解决

教育者应获得解决文化冲突的技能,以确保教室和校园的和谐和平。

7. 跨文化项目

教育者可以参与跨文化项目和实践,以提高他们的文化敏感性和理解。

8. 反思和自我意识

培训应鼓励教育者反思自己的文化观念和偏见,以及如何在教育中影响学生。

9. 全球问题

教育者应了解全球问题,如气候变化、人权、国际关系等,以帮助学生理解和参与全球议题。

10. 教育公平

培训应重点关注如何确保教育的公平和包容性,以便各种文化背景的学生都能获得平等的机会。

（四）跨文化教师培训的影响

跨文化教师培训对教育体系和学生都有积极的影响，以下是一些可能的影响：

1. 提高教育质量

教育者经过跨文化培训后，能够更好地满足多元化学生的需求，提高教育的质量。

2. 促进文化理解

培训有助于教育者更好地理解不同文化背景的学生，促进文化交流和理解。

3. 减少文化冲突

教育者具备解决文化冲突的技能，有助于减少教室和校园中的紧张和冲突。

4. 提高学生参与度

学生在受到尊重和理解的环境中更有可能积极参与学习，提高学习效果。

5. 增强全球公民意识

培训有助于培养教育者的全球公民意识，他们可以传递这种意识给学生，鼓励他们参与全球性问题。

6. 社会和文化融合

培训有助于促进社会和文化的融合，创造一个更加多元化和包容的社会。

7. 提高教育公平性

教育者可以更好地满足不同文化背景学生的需求，减少文化差异导致的教育不平等。

8. 更好的就业机会

具备跨文化教育培训的教育者通常具备更广泛的教育技能，因此在就业市场上具有竞争优势，尤其是在国际学校、跨国公司和国际交流项目等领域。

9. 促进国际合作

跨文化教育培训有助于促进国际学校和大学之间的合作，推动国际交流和合作项目的发展。

10. 个人成长

跨文化教育培训有助于提高教育者的个人成长，增强他们的人际关系技能和跨文化适应能力。

（五）跨文化教师培训的方法

跨文化教师培训可以采用多种方法，以满足不同教育者的需求和背景。以下是一些常见的培训方法：

1. 研讨会和工作坊

定期举办研讨会和工作坊，让教育者有机会分享经验、讨论跨文化问题并学习新的技能。

2. 在线课程

提供在线跨文化教育课程，使教育者可以根据自己的时间表自学。

3. 培训课程

开设专门的跨文化教师培训课程，包括课堂教学、案例研究和实际演练。

4. 跨文化实习

鼓励教育者参与跨文化实习项目，亲身体验不同文化背景的教育环境。

5. 跨文化交流

组织跨文化交流项目，让教育者有机会与国际教育者交流经验和见解。

6. 自主学习

提供跨文化教育资源，如书籍、文章、视频和在线社交平台，让教育者可以自主学习。

7. 导师制度

建立跨文化教育导师制度，新教育者可以在导师的指导下学习和成长。

跨文化教育的重要性在全球化时代变得愈发显著，因此跨文化教师培训也变得至关重要。培训有助于教育者更好地理解和应对不同文化背景的学生，提高教育的质量，减少文化冲突，促进文化交流和理解。跨文化教师培训的目标包括培养文化敏感性、跨文化沟通技能、全球公民意识等方面的能力。培训内容涵盖文化理解、跨文化沟通、文化差异、教育不平等等多个方面。最终，跨文化教师培训不仅有助于教育者的个人成长和职业发展，还有助于创造更加包容和理解的教育环境，从而更好地满足多元化学生的需求，为未来的全球公民培养做出贡献。

二、教师培训的内容与方法

教师培训是确保教育体系高质量和有效性的关键组成部分。教师是教育体系的中坚力量,他们的教育水平、教育技能和专业发展对学生的学习成果至关重要。因此,教师培训的内容和方法对于提高教育质量、满足不断变化的教育需求以及培养具有创造力和领导力的教育者都至关重要。以下将深入探讨教师培训的内容与方法,以帮助教育机构更好地规划和实施有效的教师培训计划。

(一)教师培训的内容

教师培训的内容应该涵盖广泛的主题,以确保教育者具备全面的知识和技能。以下是教师培训的关键内容领域:

1. 教育理论和方法

教育者需要了解各种教育理论和教育方法,包括行为主义、建构主义、认知心理学等,以更好地规划和实施教学活动。

2. 课程设计和评估

培训应包括课程设计和评估技能的培养,以确保教育者能够制订有趣和富有挑战性的教学计划,并评估学生的学习成果。

3. 学科知识

教育者需要具备深厚的学科知识,以教授不同年龄和能力水平的学生。

4. 教育技术

现代教育中,教育技术发挥着关键作用。培训应包括使用教育技术工具和在线教育平台的技能。

5. 跨文化教育

教育者需要了解和尊重不同文化背景的学生,培训应包括跨文化教育的内容。

6. 教育法律和政策

教育者需要了解与教育相关的法律和政策,以确保他们的教学活动合法合规。

7. 特殊教育

培训应包括特殊教育的知识和技能,以满足不同学生的需求,包括残疾学生和英语学习者。

8. 教育研究和专业发展

教育者应鼓励进行教育研究和不断的专业发展，以不断提高自己的教育水平。

9. 教育领导力

培训可以包括教育领导力的概念和技能，以帮助教育者在教育机构中发挥领导作用。

10. 社会和情感智力

教育者需要培养社会和情感智力，以更好地理解和支持学生的情感和社交发展。

这些内容领域覆盖了教师在课堂教学和教育领导方面所需的核心知识和技能。

（二）教师培训的方法

教师培训的方法应当多样化，以满足不同类型的学习者和培训目标。以下是一些常见的教师培训方法：

1. 传统课堂培训

这是最常见的教师培训方法之一，教育者在传统课堂环境中接受培训，与培训师傅面对面交流。

2. 在线培训

随着技术的发展，越来越多的培训机构提供在线培训课程，教育者可以根据自己的时间表参加培训。

3. 班级观察和实习

教育者可以通过观察其他教师的课堂和实习来学习教育技能。

4. 群体讨论和合作学习

培训可以包括小组讨论、合作项目和团队学习，以鼓励教育者分享经验和共同学习。

5. 案例研究和问题解决

通过案例研究和问题解决，教育者可以应用理论知识到实际教育情境中。

6. 导师制度

建立导师制度，新教育者可以在经验丰富的导师的指导下学习和成长。

7. 反思和自我评估

鼓励教育者反思自己的教学实践，进行自我评估和改进。

8. 视频录制和反馈

录制教学活动并接受反馈，有助于教育者更好地了解自己的教学风格和效果。

9. 在职培训

在职培训是一种在教育者继续工作的同时接受培训的方法，通常涵盖了教育者需要的特定知识和技能。

10. 实践教学

实际教学是培训的关键组成部分，教育者需要亲自进行教学实践，以应用所学知识和技能。

11. 个性化学习计划

为每个教育者制订个性化的学习计划，根据其需求和目标提供定制的培训。

12. 学习社区

建立学习社区，教育者可以在其中交流经验、分享资源和互相支持。

以上这些方法可以单独或组合使用，以创建全面的教师培训计划。重要的是要根据不同的教育者需求和目标来选择适当的培训方法。

（三）教师培训的实施

实施教师培训计划需要综合考虑多个因素，包括培训的目标、受训者的需求、可用的资源和时间表。以下是一些实施教师培训计划的关键步骤：

1. 确定培训需求

教育机构需要确定教师的培训需求，包括知识、技能和态度方面的需求。这可以通过问卷调查、教育绩效评估和教师反馈来确定。

2. 制订培训计划

根据培训需求，制订详细的培训计划，包括培训内容、方法、时间表和资源。

3. 招募培训师傅

选择具有丰富教育经验和专业知识的培训师傅来传授知识和指导教育者。

4. 提供资源

为教育者提供所需的培训资源，包括教材、课程材料和技术设备。

5. 实施培训

按照培训计划的时间表，组织和实施培训活动。这可能包括课堂培训、在线学习、实际教学和实践活动。

6. 提供反馈和评估

定期提供反馈和评估，以帮助教育者了解他们的进展和改进领域。

7. 持续支持

在培训结束后，提供持续的支持和发展机会，以确保教育者的专业成长。

8. 评估培训效果

对培训计划的效果进行评估，以确定是否达到了培训的目标，并对未来的培训计划进行改进。

（四）教师培训的重要性

教师培训的重要性在教育领域无法被低估，它对于提高教育质量、培养具有创造力和领导力的教育者以及满足不断变化的教育需求都至关重要。以下是教师培训的重要性的一些方面：

1. 提高教育质量

经过专业培训的教育者更有可能提供高质量的教育，提高学生的学术成绩和综合素质。

2. 适应变化

教育领域不断发展和变化，教师培训使教育者能够跟上最新的教育趋势和最佳实践。

3. 满足多元化需求

培训帮助教育者更好地满足不同学生的需求，包括特殊需求学生、英语学习者和跨文化学生。

4. 培养专业发展

教育者通过培训不断提高自己的教育技能和知识，培养自己的专业发展和晋升机会。

5. 支持创新

培训有助于教育者开发新的教学方法和策略，推动教育领域的创新和改进。

6. 培养领导力

教育者可以通过培训培养领导技能，发挥领导作用，影响教育机构的发展和改进。

7. 促进学生成功

经过培训的教育者能够更好地支持学生的学习和成长，帮助他们取得更好的学术成绩和职业成功。

8. 提高教育水平

教育者的培训水平直接影响教育体系的整体水平，对国家的教育质量和竞争力产生重要影响。

9. 适应技术发展

现代教育中，教育技术不断发展，教师培训有助于教育者掌握和应用新的教育技术工具。

总之，教师培训是确保教育体系持续发展和提高教育质量的关键要素。通过提供全面的教育知识、技能和专业发展机会，教师培训有助于培养具有创造力和领导力的教育者，他们能够满足不断变化的教育需求，支持学生的成功，推动教育领域的创新和进步。

教师培训的内容与方法对于提高教育质量、满足不断变化的教育需求以及培养具有创造力和领导力的教育者都具有重要意义。教育者需要具备广泛的教育知识和技能，以应对多样化的学生需求，并不断提高自己的教育水平。培训内容应涵盖教育理论、课程设计、教育技术、跨文化教育等多个方面，培训方法可以多样化，包括传统课堂培训、在线学习、实践教学等。实施教师培训计划需要综合考虑培训需求、资源、时间表和评估方法。教师培训的重要性在提高教育质量、促进学生成功、培养教育领域的领导者等方面都具有显著影响。因此，教育机构和政府部门应重视并投资于教师培训，以不断提高教育的水平和质量。只有通过培养具备专业素养的教育者，我们才能够更好地应对未来的教育挑战，为学生的未来做出积极贡献。

三、跨文化教学策略的实施

在全球化时代，跨文化教学变得越来越重要，教育者需要面对多元文化的学生群体,以及跨国教育项目的挑战。为了成功地教授和与不同文化背景的学生互动,教育者需要采用跨文化教学策略。以下将深入探讨跨文化教学策略的实施,包括策略的选择、实施过程中的挑战以及成功的关键因素。

(一)跨文化教学策略的选择

跨文化教学策略是帮助教育者有效地教授多元文化学生的方法和技巧。在选择适当的策略时,需要考虑学生的文化背景、学科领域和教育目标。以下是一些常见的跨文化教学策略:

1. 文化敏感性培训

教育者可以接受文化敏感性培训,以更好地理解不同文化背景的学生,并避免冒犯或误解。

2. 跨文化沟通技巧

教育者可以学习跨文化沟通技巧,包括非言语沟通、文化差异的识别和尊重、倾听技巧等,以更好地与学生互动。

3. 跨文化课程设计

教育者可以调整课程设计,以考虑学生的文化差异,包括学科内容、教材选择和教学方法。

4. 多元化教材

使用多元化的教材和资源,以反映不同文化背景的学生的需求和兴趣。

5. 跨文化小组项目

鼓励学生参与跨文化小组项目,以促进文化交流和合作。

6. 文化讲座和讨论

组织文化讲座和讨论,让学生了解不同文化背景的观点和经验。

7. 多语言支持

提供多语言支持,包括语言课程和翻译服务,以帮助非英语母语的学生融入教育环境。

8. 跨文化评估

采用跨文化评估方法,确保评价学生的方式不偏袒特定文化背景。

9. 文化故事和艺术

使用文化故事、音乐、艺术和表演等方式,让学生更好地理解不同文化的表达方式和价值观。

10. 跨文化实习和交流项目

鼓励学生参与跨文化实习和交流项目，亲身体验不同文化背景的教育环境。

（二）跨文化教学策略的实施

实施跨文化教学策略是一个复杂的过程，需要教育者和学校做好充分的准备和计划。以下是实施跨文化教学策略的关键步骤：

1. 了解学生的文化背景

首先，教育者需要了解自己的学生群体的文化背景，包括宗教、价值观、传统、社会习惯等。这可以通过与学生交流、问卷调查和文化敏感性培训来实现。

2. 适应课程设计

根据学生的文化背景，调整课程设计，包括教材选择、课堂活动和评估方法。确保课程反映多元文化的视角。

3. 提供文化支持

提供文化支持，包括多语言资源、文化讲座、跨文化交流机会和文化敏感性指导，以帮助学生融入教育环境。

4. 跨文化沟通

学习跨文化沟通技巧，包括尊重不同文化背景的学生、倾听和解释等技巧。

5. 多元化教学方法

采用多元化的教学方法，包括小组讨论、项目学习、实际案例研究等，以满足不同学生的学习风格和需求。

6. 跟踪学生进展

定期跟踪学生的学术进展和情感发展，确保他们在跨文化教育环境中获得支持和成功。

7. 反思和改进

定期反思教学实践，寻找改进的机会，以不断提高跨文化教学质量。

实施跨文化教学策略需要时间、耐心和坚定的决心。教育者需要与学生建立信任和尊重的关系，鼓励学生分享自己的文化经验，并创造一个开放和包容的学习环境。

（三）实施跨文化教学策略的挑战

实施跨文化教学策略可能会面临一些挑战，需要教育者和学校认真应对。以下是一些常见的挑战：

1. 文化差异

不同文化背景的学生可能具有不同的学习风格、价值观和社交习惯。教育者需要了解这些差异并适应它们。

2. 语言障碍

非英语母语的学生可能会遇到语言障碍，这可能会影响他们的学术表现。提供多语言支持和英语语言课程是解决这一挑战的一种方式。

3. 文化冲突

教育者和学生之间可能会因文化差异而产生冲突或误解。建立开放的沟通渠道，解决潜在的冲突是至关重要的。

4. 教育不平等

一些文化背景的学生可能面临教育不平等问题，包括资源不足、社会排斥等。教育者需要采取措施，确保所有学生都有平等的学习机会。

5. 文化敏感性不足

教育者可能缺乏足够的文化敏感性和跨文化教育知识，这可能导致误解或冒犯。提供文化敏感性培训是解决这一问题的一种方式。

6. 时间和资源限制

实施跨文化教学策略需要额外的时间和资源，包括培训、教材和支持服务。学校和教育机构需要投入足够的资源来支持这一工作。

7. 跨文化适应困难

一些教育者可能会感到跨文化适应困难，特别是在不熟悉的文化环境中教学。培训和支持可以帮助他们适应这种情况。

（四）成功实施跨文化教学策略的关键因素

要成功实施跨文化教学策略，需要考虑以下关键因素：

1. 领导支持

学校领导和教育机构的支持至关重要。他们应该提供资源、培训和政策支持，以确保跨文化教学策略的顺利实施。

2. 教育者培训

教育者需要接受跨文化教育培训，以提高他们的文化敏感性和跨文化教学技能。

3. 文化多样性庆祝

学校应该鼓励庆祝文化多样性，包括文化活动、节日和庆祝活动，以促进学生之间的文化交流。

4. 开放的沟通

建立开放和坦诚的沟通渠道，鼓励学生和教育者分享他们的文化经验和观点。

5. 多元化的教材和资源

提供多元化的教材和资源，以反映不同文化背景的学生的需求和兴趣。

6. 定期评估

定期评估跨文化教学策略的效果，根据反馈和数据进行改进。

7. 社区合作

与文化社区建立合作关系，以获得支持和资源，促进文化交流和教育合作。

8. 持续学习

教育者和学校应鼓励持续学习和专业发展，以跟上最新的跨文化教育趋势和最佳实践。

总之，跨文化教学策略的实施对于成功教授多元文化学生至关重要。教育者需要选择适当的策略，了解学生的文化背景，克服挑战，确保开放和包容的学习环境，并持续改进教学实践。通过有效的跨文化教学策略，学校可以为学生提供丰富的教育经验，促进文化交流和理解，培养全球化时代所需的跨文化能力。以下是一些额外的建议，以帮助教育者更好地实施跨文化教学策略：

1. 鼓励学生的主动参与

激励学生积极参与跨文化教育活动，如文化交流项目、多文化小组合作等。鼓励他们分享自己的文化背景和观点，以促进跨文化理解和交流。

2. 创造安全的学习环境

确保学生感到在学校或课堂是安全的，可以自由表达自己的文化身份。

消除歧视和偏见,鼓励尊重和包容。

3. 推广全球教育

在教育中强调全球视野,包括全球问题、国际合作和全球市民意识。通过国际课程、国际项目和国际教育合作来推广全球教育。

4. 收集反馈和数据

定期收集学生和教育者的反馈,以评估跨文化教学策略的效果。使用数据来做出改进和决策。

5. 跨学科合作

鼓励不同学科领域的合作,以涵盖多元文化和跨文化主题。跨学科合作有助于更全面地理解和教授多元文化问题。

6. 提供支持和资源

为学生和教育者提供支持和资源,以帮助他们克服跨文化教学过程中的挑战。这包括心理健康支持、学术支持和文化支持。

7. 持续改进

跨文化教学是一个持续改进的过程。学校和教育者应不断寻找新的方法和策略,以适应不断变化的文化背景和需求。

跨文化教学策略的实施对于满足多元文化学生的需求、促进文化交流和理解以及为学生提供全球视野的教育经验至关重要。教育者需要选择适当的策略,了解学生的文化背景,克服挑战,确保学习环境开放和包容,持续改进教学实践。通过有效的跨文化教学策略,学校可以为学生提供有意义的教育,培养跨文化能力,为他们在全球化社会中成功做好准备。跨文化教育不仅仅是一种教学方法,更是一种社会责任,帮助学生成为能够促进全球和平与合作的公民。

第四节 学习者的跨文化能力发展

一、学生跨文化敏感性的培养

在全球化时代,跨文化敏感性已经成为一项重要的素质和技能,无论是在教育领域还是职业领域都具有关键性意义。跨文化敏感性是指个体能够理解、尊重和适应不同文化背景的人，以及能够在多元文化环境中有效交往和合作。在今天的社会和工作场所，培养学生的跨文化敏感性变得至关重要，因为他们将与来自不同文化背景的人进行互动和合作。以下将深入探讨培养学生跨文化敏感性的重要性、方法和策略。

（一）跨文化敏感性的重要性

1. 促进全球理解

跨文化敏感性有助于学生更好地理解全球化时代的各种问题和挑战，包括国际合作、文化冲突、全球经济和环境问题。通过跨文化敏感性，学生能够更深入地理解不同国家和地区的文化、历史和社会背景。

2. 提高社交和人际关系技能

跨文化敏感性培养了学生的人际关系技能，使他们更懂得尊重、倾听和合作，无论对方来自哪个文化背景。这有助于建立更强大的社交网络和人际关系。

3. 增强就业竞争力

在全球化的职场中，跨文化敏感性是一项宝贵的技能，可以提高学生的就业竞争力。雇主越来越重视员工的跨文化交际能力，因为他们需要在全球市场中运营，并与国际客户和合作伙伴合作。

4. 促进和平与合作

跨文化敏感性有助于减少文化冲突和误解，促进国际和平与合作。通过了解和尊重不同文化的价值观和观点，学生可以为国际社会的稳定和发展做出积极贡献。

5. 增强自我认知

培养跨文化敏感性也有助于学生更深入地了解自己的文化身份和价值观。通过比较和对比不同文化，学生可以更好地理解自己，并反思自己的信仰和偏见。

（二）培养学生跨文化敏感性的方法和策略

培养学生跨文化敏感性是一项复杂的任务，需要综合考虑教育目标、课程设计和学校文化。以下是一些有效的方法和策略：

1. 课程设计

将跨文化教育融入课程设计,包括国际课程、跨文化案例研究、文化差异的探讨等。确保学生有机会学习和讨论跨文化主题。

2. 跨文化体验

组织学生参与跨文化体验,如国际交流项目、实地考察和文化活动。这些经历可以让学生亲身体验不同文化,增强他们的跨文化敏感性。

3. 文化敏感性培训

提供文化敏感性培训,帮助学生了解文化差异、文化冲突的解决方法以及跨文化沟通技巧。这些培训可以包括课堂教学、研讨会和在线课程。

4. 多元文化教材

使用多元化的教材和资源,反映不同文化背景的作者和观点。这有助于学生了解不同文化的思维方式和视角。

5. 文化讨论和反思

鼓励学生参与文化讨论和反思,分享自己的文化经验,并思考自己的文化身份和偏见。这可以通过小组讨论、写作任务和个人反思来实现。

6. 多文化小组合作

将学生分成多文化小组,让他们一起合作解决问题和完成项目。这有助于培养团队合作的技能。

7. 文化交流机会

为学生提供参加文化交流活动的机会,包括国际学生交流、文化节庆典和语言学习。这些活动可以帮助学生与不同文化背景的人建立联系。

8. 文化故事和艺术

通过文化故事、音乐、艺术和表演等方式,让学生更好地了解不同文化的表达方式和价值观。这可以通过文化展览、讲座和表演来实现。

9. 反思和评估

鼓励学生反思自己的跨文化经验和学习,以及如何应用跨文化敏感性。定期评估学生的跨文化能力,以确定他们的进步和需要改进的领域。

10. 跨文化项目和研究

鼓励学生参与跨文化项目和研究,深入探讨文化差异和跨文化问题。这可以是学生的课程项目、独立研究或参与国际合作项目。

11. 国际化校园

将学校打造成一个国际化的校园，吸引国际学生和教师，提供国际课程和文化活动。这可以帮助学生在自己的校园中体验跨文化教育。

12. 跨文化导师

为学生提供跨文化导师或顾问，帮助他们解决跨文化挑战、回答问题和提供支持。这可以是专业的导师或学长学姐。

12. 跨文化教育政策

学校和教育机构可以制定跨文化教育政策，明确跨文化教育的目标和实施计划，确保它在整个教育体系中得到实施和支持。

13. 社区合作

学校可以与文化社区和国际组织建立合作关系，提供文化资源和机会，支持学生的跨文化学习。

14. 跨文化教育评估

建立跨文化教育的评估机制，以评估学生的跨文化敏感性和学校的跨文化教育效果。这可以帮助学校了解自己的进展和需要改进的领域。

（三）跨文化敏感性培养的挑战

培养学生跨文化敏感性可能会面临一些挑战，需要教育者和学校认真应对：

1. 文化差异的复杂性

不同文化背景之间存在复杂的差异，包括语言、价值观、信仰和社会规范。教育者需要处理这些复杂性，确保跨文化教育不是一种简单的刻板印象。

2. 学生抵触情绪

一些学生可能抵触跨文化教育，因为他们可能对不熟悉的文化感到不安或不自在。教育者需要处理这种情感，提供支持和鼓励。

3. 教育资源限制

一些学校可能面临教育资源不足的问题，包括跨文化培训、教材和国际交流机会。这可能会影响跨文化敏感性的培养。

4. 文化冲突和误解

跨文化教育有时会导致文化冲突和误解，需要及时解决和处理，以确保学生的学习环境不受干扰。

5. 跨文化敏感性的测量和评估

衡量和评估学生的跨文化敏感性是一个挑战，因为它涉及主观因素和多样化的表现方式。学校需要开发有效的评估工具和方法。

培养学生跨文化敏感性是现代教育的一项重要任务，因为它有助于学生更好地理解全球化时代的复杂性，提高他们的人际关系技能，增强就业竞争力，促进国际和平与合作。教育者和学校可以通过多种方法和策略来培养学生的跨文化敏感性，包括课程设计、文化体验、文化敏感性培训、多元文化教材和文化交流机会等。尽管培养跨文化敏感性可能会面临一些挑战，但它仍然是一个值得追求的目标，有助于学生在全球化社会中取得成功，促进文化交流和理解，为未来的全球公民做出积极贡献。通过跨文化敏感性的培养，我们可以共同创造一个更加包容和和谐的世界。

二、学生的文化体验与反思

在多元文化的社会中，学生的文化体验和反思对于他们的个人成长和社会发展至关重要。文化体验是指学生在不同文化环境中的互动和经历，可以包括与不同文化背景的人交往、参与跨文化活动、旅行和国际交流等。文化反思则是学生对这些经历的思考和理解，以及对自己文化身份的反思和认知。以下将深入探讨学生的文化体验与反思的重要性、方法和策略。

（一）文化体验的重要性

1. 促进文化理解

文化体验使学生能够更深入地了解不同文化背景的人，包括他们的价值观、习惯、传统和历史。通过与不同文化的人互动，学生可以更好地理解文化差异和相似之处。

2. 增强跨文化交际能力

文化体验有助于培养学生的跨文化交际能力，包括跨文化沟通、文化敏感性和跨文化合作等。这些能力在全球化时代非常重要，因为学生将与不同文化背景的人进行互动和合作。

3. 提高人际关系技能

通过文化体验，学生可以提高人际关系技能，包括倾听、尊重和合作。

这有助于建立强大的社交网络和人际关系。

4.增强自我认知

文化体验也有助于学生更深入地了解自己的文化身份和价值观。通过与其他文化对比，学生可以反思自己的信仰、习惯和偏见。

5.促进全球公民意识

文化体验有助于培养学生的全球公民意识，使他们更加关注全球问题和国际合作。这有助于培养具有全球视野的公民。

（二）文化体验的方法和策略

要为学生提供有意义的文化体验，教育者和学校可以采用以下方法和策略：

1.国际交流项目

组织学生参与国际交流项目，让他们有机会在不同国家或地区学习和生活。这可以是短期交流计划、留学项目或国际志愿者服务。

2.跨文化活动

在学校或社区组织跨文化活动，如文化节庆典、国际食物节、文化工作坊和跨文化讲座。这些活动可以帮助学生了解不同文化的风俗和传统。

3.多元化教育资源

使用多元化的教育资源，包括多元化的教材、文化展览和文化活动。这有助于学生更好地了解不同文化。

4.跨文化导师

为学生提供跨文化导师或顾问，帮助他们适应新的文化环境，解决文化冲突和困惑。

5.国际志愿者服务

鼓励学生参与国际志愿者服务，为不同文化背景的社区提供帮助。这不仅可以帮助学生了解其他文化，还可以为社会做出贡献。

6.多元化社交圈子

鼓励学生扩展自己的社交圈子，与不同文化背景的人交朋友。学校可以组织社交活动，促进学生之间的跨文化交流。

7.跨文化案例研究

在课程中使用跨文化案例研究，让学生深入了解文化差异和文化冲突这可以帮助他们在学术上理解跨文化问题。

8. 文化体验反思

鼓励学生在文化体验后进行反思,写下他们的感受、观察和认识。这可以通过写作任务、讨论或日记来实现。

9. 跨文化教育政策

学校可以制定跨文化教育政策,明确文化体验的目标和实施计划,确保它在学校教育中得到充分重视。

10. 学生文化交流组织

学校可以支持学生自主组织文化交流活动和项目,让他们参与文化体验和反思。

(三)文化反思的重要性

文化反思是学生对文化体验的思考和理解,对于将文化体验转化为有意义的学习经验至关重要。文化反思有以下重要作用:

1. 深化学习

通过文化反思,学生可以更深入地理解他们的文化体验,挖掘其中的学习机会和教训。

2. 增强自我认知

文化反思有助于学生更好地了解自己的文化身份、信仰和价值观。他们可以反思自己在不同文化环境中的行为和反应,了解自己的偏见和误解。

3. 培养批判性思维

文化反思可以培养学生的批判性思维能力,使他们能够审视文化差异、文化冲突和文化交流,提出深刻的问题和观点。

4. 提高跨文化敏感性

通过文化反思,学生可以培养跨文化敏感性,更好地理解和尊重不同文化的差异和相似之处。

5. 促进文化适应

文化反思有助于学生更好地适应新的文化环境,解决文化冲突和困惑,提高文化适应能力。

6. 形成全球公民意识

文化反思可以促使学生思考全球问题和国际合作的重要性,培养他们的全球公民意识。

（四）文化反思的方法和策略

为了促进文化反思，教育者和学校可以采用以下方法和策略：

1. 文化反思任务

在课程中设计文化反思任务，鼓励学生写下他们的文化体验和感受，思考文化差异和相似之处，提出问题和见解。

2. 小组讨论

组织小组讨论，让学生分享他们的文化体验，听取他人的观点和反思。小组讨论可以促进交流和互相学习。

3. 个人反思日记

鼓励学生保持记个人反思日记，记录他们的文化体验和思考。这可以帮助他们持续地反思和成长。

4. 文化导师指导

为学生提供文化导师或顾问，帮助他们进行文化反思，回答问题和提供支持。

5. 文化反思作品

鼓励学生创作文化反思作品，如文章、演讲、艺术作品或短片。这可以是一种表达自己文化体验和思考的方式。

6. 跨文化对话

组织跨文化对话活动，让学生与不同文化背景的人进行深入的对话和交流。这可以促进文化理解和反思。

7. 文化对比

通过文化对比活动，让学生比较不同文化的特点和差异，提出问题和观点。这可以帮助他们深入思考文化差异。

8. 跨文化案例研究

使用跨文化案例研究来促进文化反思，让学生分析和讨论文化冲突和解决方法。

9. 跨文化教育资源

提供跨文化教育资源，包括文化反思工具、指南和学习材料，帮助学生进行文化反思。

10.学生分享会

组织学生分享会,让他们分享自己的文化体验和反思。这可以促进学生之间的互相学习和交流。

学生的文化体验与反思是培养跨文化能力和全球公民意识的重要组成部分。通过文化体验,学生能够更深入地了解不同文化背景的人,培养跨文化能力,提高人际关系技能,增强自我认知,促进全球公民意识。而通过文化反思,学生可以深化自己的学习,培养批判性思维能力,促进文化适应和解决文化冲突,形成全球公民意识。

教育者和学校可以采取多种方法和策略来促进学生的文化体验和反思,包括国际交流项目、跨文化活动、文化反思任务、小组讨论、个人反思日记等。通过这些方法,学校可以为学生提供丰富的文化经验,培养他们的跨文化能力,帮助他们成为具有全球视野的公民,为未来的全球社会做出积极贡献。文化体验和反思不仅仅是一种教育活动,更是一种生活方式,可以丰富学生的生活,拓宽他们的视野,促进文化多样性的尊重和理解。

三、学生的跨文化交际技能

在全球化时代,跨文化交际技能变得至关重要。学生需要能够有效地与来自不同文化背景的人进行交流和合作,无论是在学校、职场还是社会生活中。跨文化交际技能不仅有助于促进文化理解和尊重,还能够提高个人的人际关系技能和职业竞争力。以下将深入探讨学生的跨文化交际技能的重要性、培养方法和策略。

(一)跨文化交际技能的重要性

1.促进文化理解

跨文化交际技能有助于学生更好地理解不同文化背景的人,包括他们的价值观、信仰、习惯和社会规范。通过有效的跨文化交际,学生可以更深入地了解文化差异和相似之处。

2.提高人际关系技能

跨文化交际技能包括倾听、尊重、沟通和解决冲突等多种技能,这些技能对于建立强大的人际关系网络至关重要。学生将能够更好地与不同文化背景的人建立联系和合作。

3. 增强文化适应能力

跨文化交际技能有助于学生更好地适应新的文化环境，解决文化冲突和困惑。这对于国际留学生或跨文化工作的人来说尤为重要。

4. 提高职业竞争力

在全球化的职场中，跨文化交际技能是一项宝贵的技能，可以提高学生的就业竞争力。雇主越来越重视员工的跨文化能力，因为他们需要在全球市场中运营，并与国际客户和合作伙伴合作。

5. 促进和平与合作

跨文化交际技能有助于减少文化冲突和误解，促进国际和平与合作。通过了解和尊重不同文化的价值观和观点，学生可以为国际社会的稳定和发展做出积极贡献。

6. 增强自我认知

培养跨文化交际技能也有助于学生更深入地了解自己的文化身份和价值观。通过与其他文化对比，学生可以更好地理解自己，并反思自己的信仰和偏见。

（二）培养学生的跨文化交际技能的方法和策略

培养学生的跨文化交际技能需要综合考虑教育目标、课程设计和学校文化。以下是一些有效的方法和策略：

1. 跨文化教育课程

将跨文化教育融入课程设计，包括跨文化交际技能的培训、文化差异的探讨、国际案例分析等。确保学生有机会学习和练习跨文化交际技能。

2. 角色扮演和模拟活动

组织学生参与跨文化角色扮演和模拟活动，让他们在模拟情境中练习跨文化交际技能，如跨文化会议、商务谈判等。

3. 跨文化体验项目

组织学生参与跨文化体验项目，如国际交流、志愿者服务或文化交流活动。这些经历可以让学生亲身体验不同文化，增强他们的跨文化交际技能。

4. 跨文化沟通培训

提供跨文化沟通培训，帮助学生了解文化差异、跨文化交际技巧和文化敏感性。这可以包括课堂培训、研讨会和模拟讲座。

5. 多元化教材和资源

使用多元化的教材和资源，反映不同文化背景的作者和观点。这有助于学生了解不同文化的思维方式和视角。

6. 跨文化案例分析

在课程中使用跨文化案例分析，让学生分析和讨论文化冲突和解决方法。这可以帮助他们在学术上理解跨文化问题。

7. 观察和反思

鼓励学生观察和反思自己的跨文化交际经验，包括他们的感受、观察和反应。这可以通过写作、讨论或日记来实现。

8. 文化交流机会

为学生提供参加文化交流机会的机会，包括国际学生交流、文化节庆典和语言学习。这些活动可以帮助学生与不同文化背景的人建立联系，提高他们的跨文化交际技能。

9. 跨文化导师或顾问

为学生提供跨文化导师或顾问，帮助他们解决文化冲突和困惑，提供支持和建议。

10. 跨文化教育政策

学校可以制定跨文化教育政策，明确跨文化交际技能的培养目标和实施计划，确保它在整个教育体系中得到实施和支持。

11. 学生互相教育

鼓励学生互相教育，分享自己的文化背景和经验。这可以通过小组讨论、展示和互动活动来实现。

12. 跨文化交际评估

建立跨文化交际技能的评估机制，以评估学生的能力和进展。这可以帮助学校了解自己的教育效果，并提供改进的方向。

（三）跨文化交际技能的挑战

培养学生的跨文化交际技能可能会面临一些挑战，需要教育者和学校认真应对：

1. 文化冲突和误解

跨文化交际常伴随着文化冲突和误解，学生可能会因文化差异而产生不适和困惑。教育者需要帮助学生解决这些问题。

2. 学习负担

学生可能感到学习跨文化交际技能需要付出额外的努力和时间，这可能会增加他们的学业负担。

3. 文化敏感性培养

培养文化敏感性需要时间和经验，学生可能需要一段时间才能真正理解和应用这些技能。

4. 多样性管理

在教室或团队中管理多样性可能会带来挑战，需要教育者具备跨文化管理的能力。

5. 语言障碍

语言是跨文化交际的重要组成部分，学生可能会面临语言障碍，需要努力提高语言能力。

6. 文化敏感性的主观性

文化敏感性是主观的，不同人可能对同一文化情境有不同的反应和理解。教育者需要处理这种主观性。

学生的跨文化交际技能对于他们的个人成长和职业发展至关重要。这些技能不仅有助于促进文化理解和尊重，还能提高人际关系技能、增强文化适应能力、提高职业竞争力，并促进国际和平与合作。教育者和学校可以通过多种方法和策略来培养学生的跨文化交际技能，包括跨文化教育课程、角色扮演和模拟活动、跨文化体验项目、跨文化沟通培训等。尽管培养跨文化交际技能可能会面临一些挑战，但它仍然是一项重要的任务，有助于学生在全球化时代成功地应对各种跨文化挑战，为全球社会的多样性和和谐做出贡献。跨文化交际技能不仅是一种职业技能，更是一种生活技能，可以丰富学生的生活，增强他们的全球视野，为未来的全球社会做出积极贡献。

参考文献

[1]王端.跨文化翻译的文化外交功能探索[M].北京：中国广播影视出版社,2019.

[2]卜友红.英语语言学及应用语言学研究[M].上海：同济大学出版社,2014.

[3]郭炜峰,董奕枫.英语教学与文化传播[M].延吉：延边大学出版社,2018.

[4]贾玉新.跨文化交际理论探讨与实践[M].上海：上海外语教育出版社,2012.

[5]吴尚义.语言与文化研究 第13辑[M].北京：知识产权出版社,2014.

[6]项成东.语用认知视角下的语言研究[M].天津：南开大学出版社,2014.

[7]白晶,姜丽斐,付颖.跨文化视野下中西经典文学翻译研究[M].长春：吉林大学出版社,2018.

[8]庄恩平.跨文化外语教学：研究与实践[M].上海：上海外语教育出版社,2012.

[9]陈达.外国语言文学研究[M].成都：四川大学出版社,2015.

[10]徐晓飞,房国铮.翻译与文化：翻译中的文化建构[M].上海：上海交通大学出版社,2019.

[11]张全,范应红.英语教学改革理论与实践研究[M].昆明：云南大学出版社,2014.

[12]周晓玲.网络环境下大学英语教学改革理论与实践（二）[M].苏州：苏州大学出版社,2013.

[13]梁虹.高校专业英语教育改革研究[M].西安：陕西师范大学出版社,2016.